Savons noirs à tout faire

Du même auteur, chez le même éditeur

LE BONHEUR EST DANS LE POT, guide pratique pour bien vivre avec les plantes d'intérieur – 2003

LE DICTIONNAIRE À TOUT FAIRE, 2500 trucs et astuces efficaces et utiles pour simplifier votre vie quotidienne – 2006, 7e édition

VINAIGRES À TOUT FAIRE, 1 000 trucs et astuces au quotidien. Guide pratique écologique – adresses utiles – 2008, 5e édition

DICTIONNAIRE À TOUT FAIRE DU JARDIN, 3 000 trucs et astuces au quotidien. Guide pratique écologique – adresses utiles – 2009, 5e édition

RÉCUPÉRATION ET RECYCLAGE À TOUT FAIRE, 2 500 trucs et astuces naturels et écologiques pour ne pas gaspiller inutilement– 2009, 2e édition

Avec Olivier Barrellier, SAVOIR BIEN CHOISIR ET ACHETER, dictionnaire à tout faire, 1 000 trucs et astuces pour reconnaître la qualité de vos produits – 2010

ISBN : 978-2-7163-1436-7

Inès Peyret

Savons noirs à tout faire

Trucs et astuces naturels et écologiques Adresses utiles

ÉDITIONS DU DAUPHIN
43-45 rue de la Tombe-Issoire
75014 PARIS
www.editionsdudauphin.com

Pour Giovanna et ses sœurs, grandes fans de savon noir.

Remerciements

Merci à Stéphane Bidault, Julie Bousquet-Fabre, Florent Coeffec, Audrey Guyot, Hasida, Paul Kerbouc'h, Jean-Marc Ricciotti, pour leur aide précieuse, leur disponibilité et leurs conseils.

Merci aussi à mes éditrices pour leur amitié, leur aide et leur soutien sans faille.

Sommaire

Savon noir, le retour !

Le scribe sumérien qui, de son plus beau stylet, a gravé avec application la première recette de savon noir de l'Histoire sur sa petite tablette de terre en 2200 avant Jésus-Christ, n'en croirait pas ses yeux s'il voyait le *buzz* créé par le savon noir. Imaginez un peu, cet humble savon a fait le 13 heures de Claire Chazal[1] puis celui de Jean-Pierre Pernaut[2]. *Cosmopolitan*, *L'Express*, *le Figaro*[3], et *Marianne*[4] – qui l'appelle le savon vert – ont annoncé son retour et vanté ses vertus. Même les filles de la célèbre série *Sex and the City* s'y sont mises. C'est la folie !

Alors qu'il avait pratiquement disparu depuis les années 1950, ringardisé par les innovations ultra-moussantes aux couleurs fluo des grandes marques, la crise et la mode écolo font revenir en grâce le bon savon noir de mamie. À l'huile d'olive ou à l'huile de lin, pour le corps ou le ménage, ce n'est pas son image glamour mais 'écolonomique'[5] qui en fait le chouchou des écolos soucieux de

1. http://videos.tf1.fr/jt-13h/le-savon-noir-remis-au-gout-du-jour-4393221.html
2. http://videos.tf1.fr/jt-13h/le-13-heures-du-30-septembre-2009-4823410.html
3. Redécouvrez le savon noir, 15/06/2010.
4. Le savon vert lave plus blanc, 29/03/2008.
5. Écologique et économique à la fois.

leur santé et de celle de la planète. Garanti sans OGM, composé uniquement de matières premières d'origine végétale, sans conservateur, sans microbille en plastique et sans graisse animale, avouez qu'il y a de quoi faire vibrer !

Les *recessionistas* – ces purs produits dérivés de la crise, 'madoffisées' ou pas, soucieuses de leurs budgets (beaucoup) et de la planète (un peu) – aussi en sont folles. Elles viennent de découvrir avec émotion que le savon noir des grands-mères est le produit anticrise par excellence. Depuis c'est un *must* absolu sur la liste de leurs « cinquante produits indispensables » de la saison, et même des saisons suivantes. « Darling, le savon noir est tout à fait IN-CON-TOUR-NA-BLE ! Je ne prends plus que ça ! »

Nous aussi on adore ! Et aux grincheux qui le trouvent *so yesterday*, on répond que le savon noir est écolonomique, efficace et qu'en plus, il fait gagner du temps. – Ce n'est pas le *scoop* de la semaine puisque dans les années 1970, un livre américain sur les techniques de nettoyage rapide recommandait très chaudement un vrai savon noir[6]. – Et comme le temps c'est de l'argent…

C'est l'arme fatale des fées du logis qui en ont bien besoin maintenant que nous voilà en plein dans l'ère du *hiving*[7], avec la maison toujours pleine. Et même, qui l'eut cru, celle des jardiniers. Ce sont eux, qui à la recherche de pesticides naturels, ont ressorti les recettes de grand-père et ont relancé le savon noir. Alors on leur dit « Merci ! ».

6. *A Concise History of Lin-Sol.*
7. De l'anglais *hive*, ruche.

TOUT CE QUE VOUS AVEZ TOUJOURS VOULU SAVOIR SUR LE SAVON NOIR SANS OSER LE DEMANDER

Une longue histoire

« La quantité de savon que consomme une nation, pourrait presque servir de mesure pour apprécier le degré de richesse et de civilisation auquel elle est parvenue. Entre deux nations également peuplées, la plus riche et la plus civilisée sera celle qui consommera le plus de savon. » Justus von Liebig[8].

Comme toutes les grandes inventions – du vinaigre au Roquefort en passant par la confiture de lait – le savon a sans doute été découvert par hasard pendant l'âge de pierre. Une dame Pierreafeu qui a remarqué que le résultat de l'association accidentelle des résidus de cendres et de graisse trouvé dans le feu après avoir fait rôtir un gigot de mammouth, était un produit nettoyant/lavant génial, super efficace, pratique, écologique et économique. C'est vrai qu'il ne sentait pas très bon et qu'il avait une allure fort peu engageante, mais en tout cas, il lavait bien toute la caverne du sol au plafond, les dessous en peau de bison de son Raymond Pierrafeu et son Raymond aussi quand il empestait le mammouth après une semaine de chasse.

---

8. Justus von Liebig : *Lettres sur la Chimie*, Paris, Mascana, 1845.

Les origines de l'hygiène corporelle datent de la préhistoire. Comme l'eau est indispensable à la vie, les premiers hommes habitaient près de l'eau et connaissaient ses propriétés lavantes. Vers 10000 avant Jésus-Christ, les habitants des cavernes du Mésolithique pratiquaient déjà les soins corporels, avec des traitements pour adoucir la peau à base de graisse et d'huile de ricin. C'est vrai qu'une peau satinée c'est quand même plus agréable qu'un épiderme négligé qui peut provoquer des crises graves dans des couples apparemment solides.

L'origine du savon reste obscure et, étant donné sa nature soluble dans l'eau, impossible d'espérer retrouver un pot de savon noir dans les ruines de Pompéi ou, plus proche de nous, une savonnette datant des croisades. Inutile de la passer au carbone 14 pour savoir que c'est un faux !

La première formule écrite pour faire du savon sur des petites tablettes sumériennes de 2200 avant Jésus-Christ, affiche fièrement les ingrédients suivant : eau, alkali et huile de cassie[9]. Les parfums sont ensuite venus améliorer ce produit un peu basique ; la mythologie raconte qu'Adonis offrait des savons parfumés à sa bien-aimée Ishtar, déesse babylonienne de l'amour. Quant au mot savon – *sapo* en latin –, il viendrait, selon une légende romaine, du Mont Sapo à Rome, lieu de sacrifice des animaux. Après la boucherie, la pluie faisait couler sur les pentes un mélange de graisse animale fondue et de cendres de bois, jusque sur les rives argileuses du Tibre, où les femmes, qui faisaient leur lessive, ont constaté que ce mélange affreux lavait plus blanc !

Une autre légende, attribue l'invention du savon à Savone, ville de l'État de Gênes, où la femme d'un pêcheur qui avait fait chauffer de la lessive de soude dans un vase encore imprégné d'huile d'olive, avait trouvé par hasard cette précieuse substance.

Certains spécialistes favorisent l'hypothèse d'une origine celte – *saipo* ou cendres – étant donné que les Romains ont appris la

9. R W Hedge : The Discovery and Prehistory of Soap – A historical perspective and banausic interpretation, Waterlooville, England : *Butser Ancient Farm*, 2002.
10 The manufacture of soap, *Aust J Hosp Pharm* 1974 ; 4:33-9.

fabrication du savon à base de graisses animales et de cendres[10] de leurs cousins aux cheveux blonds.

Il y a aussi la piste perse. On y fabrique du savon depuis l'Antiquité et il porte le nom de *sabun*[11]. A Alep, en Syrie, le savon du même nom date d'un demi-millénaire avant Jésus-Christ.

Au premier siècle de notre ère, les Romains faisaient du savon avec de l'urine – qui contient du carbonate d'ammonium et qui réagissait aux huiles et à la graisse de la laine par une saponification partielle. Des foulons marchaient dans les rues pour la collecter et la vendre aux fabricants de savon désignés pour la première fois comme un corps de métier – *saponarius* ou bouilleur de savon – par l'historien Priscianus en 385 avant Jésus-Christ[12]. Il faut attendre le IIe siècle pour que le savon soit adopté pour la toilette, lorsque le médecin Galien mentionne son utilisation pour se laver. Mais en dépit de la popularité des bains pendant tout l'empire romain, le savon a eu du mal à se faire accepter ; ce produit à base de graisses animales et d'alkali brute n'était pas particulièrement attractif, que ce soit pour le *look* ou l'odeur. Le savon était donc réservé à la lessive. Les Romains, pour leurs ablutions préféraient la strigilation. Ils s'enduisaient d'huiles parfumées qu'ensuite ils raclaient avec un instrument en métal, ou en corne, le strigile.

À partir du VIIe siècle, on fabriquait du savon à Nablus (ou Naplouse) en Palestine, à Kufa et Basra en Iraq. Les savons tels que nous les connaissons aujourd'hui sont les descendants directs de ces créations des chimistes arabes. L'un d'eux Jabir ibn Hayyan – Geber pour ses copains occidentaux – indique au VIIIe siècle que le savon est un produit d'hygiène. Les Arabes utilisent, entre autres, de l'huile d'olive pour faire leur savon. La formule pour le fabriquer n'a pas changé. Mais ils prenaient aussi du suif pour les chandelles et le savon. À tel point que les bouchers vendaient tout leur suif et autres matières grasses plus cher que la viande[13] aux fabricants de savon, qui souvent passaient un

11 Dietrich, A: El Ṣābūn, Echo of Iran, 1994; VIII:693, *Iran Almanac*, Tehran, 1961-77.

12 The manufacture of soap, *Aust J Hosp Pharm* 1974 ; 4:33-9.

13. C. J. Wills : *In the Land of the Lion and the Sun, or Modern Persia, Being Experiences of Life in Persia from 1866 to 1881*, 2nd ed.,London, 1893.

accord avec eux pour être fournis pendant toute une année[14]. Dans les provinces de Caspina, le savon noir à l'huile d'olive était considéré comme un produit de moindre qualité[15].

En Europe aussi, les guildes de fabricants de savon font leur apparition et la totalité du processus de fabrication est devenu un secret jalousement gardé. La production commerciale semble avoir commencé en Italie au VIIIe siècle, puis elle s'est étendue en France, à Marseille au XIIe siècle et en Angleterre au XIVe siècle. Mais, dans grand nombre de pays, le savon reste un produit de luxe lourdement taxé jusqu'au XIXe siècle et, en conséquence de quoi, l'hygiène est approximative. Ce manque d'hygiène et les conditions de vie insalubres ont largement contribué aux grandes épidémies du Moyen Âge et plus particulièrement à celle de la peste noire au XIVe siècle. La tradition du bouquet de la mariée, qui date du XVIe siècle en Angleterre, avait pour mission de masquer les odeurs corporelles fortes de la donzelle. La situation n'était guère plus reluisante en Allemagne où, une boîte de savon offerte à la Duchesse de Juelich en 1549 avait fait sensation. Un siècle plus tard, lorsqu'un *Herr* Léo envoya un petit colis de savon d'Italie à Lady von Schleinitz, le galant homme prit soin d'y glisser le mode d'emploi de ce mystérieux produit.

Lorsqu'enfin les taxes ont été supprimées, le savon est devenu accessible au commun des mortels et les standards d'hygiène se sont améliorés.

Pendant la Seconde Guerre mondiale, les militaires américains qui avaient du mal à faire mousser leur savon en utilisant de l'eau salée, ont réclamé de la mousse à corps et à cris. Et les industriels ont développé pour eux une base synthétique qui a détrôné tous les savons : le laureth sulfate qui permet de faire mousser le savon avec n'importe quelle dureté d'eau. Tout est parti de là. On retrouve maintenant cette base lavante dans tous les produits d'hygiène et de lavage : savons, shampoings, gels douche et dans tout ce qui est lessive. C'est le savon synthétique. Et très vite il a remplacé, le savon traditionnel.

---

14. L.-J. Olmer, "Rapport sur une mission scientifique en Perse", *Nouvelles archives des missions scientifiques et littéraires* 16, 1908.
15. Jakob Eduard Polak : *Persien, das Land und seine Bewohner. Ethnographische Schilderungen*, Leipzig, 1865.

Comment ça marche ?

Saponification

Dans « *l'île mystérieuse* », Jules Verne explique la saponification : « Cette graisse, il s'agissait d'en isoler un de ses éléments, la glycérine, en la saponifiant. Or, pour obtenir ce résultat, il suffisait de la traiter par la soude ou la chaux. En effet, l'une ou l'autre de ces substances, après avoir attaqué la graisse, formerait un savon en isolant la glycérine[16]. »

Savon = huile ou matières grasses + base alcaline

Pour fabriquer du savon, on mélange de l'huile ou de la graisse avec une substance alcaline – de l'arabe *al-kali* – obtenue à partir de la cendre de certaines plantes. Par exemple, les cendres des plantes terrestres – bois d'arbres de montagne, – donnent la potasse[17] ; Et des cendres de plantes des milieux salins – en particulier la salicorne, le goémon ou le varech – donnent la soude[18].

---

16. Verne, Jules : *L'Île mystérieuse*, 1874.
17. KOH.
18. NaOH.

On met les corps gras et la base – potasse ou soude – dans un grand chaudron à une température comprise en 80 et 100 °C. Et, comme l'explique Elsa Triolet : « Ce n'était pas une petite affaire que de surveiller le savon sur le feu, pendant deux heures, sans s'arrêter de le tourner[19]. » Comme pour faire la confiture, Irma vous le dira, le secret est dans la manière de tourner. Sébastien Bidault, de la société Scientia Natura, explique que c'est le maître savonnier qui se charge de cette opération. Il faut un tour de main très particulier pour saponifier à chaud.

Savon mou et savon dur

La saponification transforme le mélange d'un ester (acide gras) et d'une base forte, en savon et glycérol. Le chimiste Paul Kerbourc'h explique : « On part d'une molécule qui est de l'huile. Avec la potasse, on casse cette molécule d'huile en quatre parties, d'une part le glycérol et ensuite trois molécules identiques de savon. »

Pour obtenir un savon mou comme le savon noir, il faut utiliser de la potasse comme base. Son nom officiel est hydroxyde de potassium. Le terme potasse vient de l'allemand *pot asche* et de l'anglais *pot ashes* – les cendres du pot dans lequel l'on avait placé de l'eau pour en faire de la lessive. C'est cette lessive qui, pendant des siècles, servira de réactif basique dans la fabrication des savons. Tout simplement parce que la cendre contient une très grande quantité de potasse.

On obtient un savon mou à la base qui sera plus ou moins traité pour obtenir une viscosité pour en faire un savon mou qui ressemble à du miel dur, dixit Sébastien Bidault.

Pour produire un savon dur comme le savon d'Alep, de Castille ou de Marseille, on remplace tout simplement la potasse par de la soude caustique.

19. Triolet, Elsa, *Le premier accroc coûte deux cent francs*, Denoël, 1945.

Comment est-ce que le savon lave ?

Les molécules d'eau s'attirent entre elles, c'est ce qu'on appelle la tension superficielle. Cette tension, bizarrement, empêche l'eau de bien mouiller. Le savon, ajouté à l'eau, diminue cette tension et augmente la capacité de l'eau à mouiller la surface à nettoyer.

Une molécule de savon est constituée de deux parties : une tête hydrophile qui, comme son nom l'indique, adore l'eau et une queue hydrophobe qui la déteste, mais qui adore toutes les matières grasses. Donc, pour être positif, on dira que cette queue est lipophile et qu'elle est capable de dissoudre les molécules de graisse.

Les molécules du savon sont tensio-actives. Pendant le lavage, les têtes hydrophiles, chargées électriquement, ont tendance à se repousser et fragilisent les liaisons entre le support et les saletés. Les queues lipophiles se collent au support – tissu, carrelage, peau, etc. – et décollent la graisse en formant des micelles – pas ceux qu'on utilise pendant la messe, mais de toutes petites particules – et les font se dissoudre dans l'eau.

Résultat : La graisse se retrouve en suspension dans l'eau, entourée de molécules de savon qui tournent vers l'eau leurs petites têtes hydrophiles. Le mouvement de lavage achève le travail en dispersant les micelles dans l'eau. Au moment du rinçage, l'eau entraîne avec elle le mélange graisse savon.

Autrement dit, alors que l'eau et l'huile ne se mélangent pas normalement, l'ajout de savon permet aux huiles de se dissoudre dans l'eau et d'être rincées.

L'eau seule réussit à faire disparaître certaines saletés comme la terre sur les mains, mais pas la graisse ou l'huile. Sans savon, l'eau ne mouille pas assez et ne dissout pas les graisses. Le savon, lui, le fait très bien.

Malheureusement, les savons utilisés dans une eau dure – une eau avec un taux élevé de calcium et de magnésium – créent une matière insoluble, blanche et solide, qui se forme lorsque le calcium et le magnésium chacun dissous, réagissent aux graisses et aux huiles du savon. Cette matière diminue l'efficacité du savon à nettoyer et laisse un résidu honteux sur les lavabos, baignoires etc. qui peut être très difficile à déloger.

Détergent

Les détergents sont nés pour palier à ces problèmes. Ils sont différents des savons parce qu'ils ne se combinent pas aux sels minéraux naturels dans l'eau et ne forment pas de dépôts disgracieux sur le bord de la baignoire. Contrairement au vrai savon, les détergents fonctionnent dans l'eau froide et l'eau salée.

À la question, « quelle est la différence entre un savon et un détergent ? » Le chimiste Paul Kerbourc'h répond qu'un détergent, c'est un mélange de tensioactifs ayant pour but de nettoyer. Un tensioactif est un produit qui a la propriété d'avoir une affinité avec l'eau et avec les graisses. Le savon est un tensio-actif (aussi appelé agent de surface, surfactif ou surfactant) et les tensioactifs servent à fabriquer des détergents.

Un détergent est une imitation synthétique de savon – i.e. un agent de lessive fait à partir de produits chimiques. Savon et détergent ont des capacités similaires pour émulsifier les graisses et les huiles et retenir la saleté. Mais hormis ces aptitudes partagées, ils sont significativement différents étant donné la présence de tensioactifs et d'additifs tels que les agents blanchissants.

C'est après la Seconde Guerre mondiale que les surfactants synthétiques dérivés surtout du pétrole et d'autres ingrédients – dont les phosphates, silicates, zéolites, EDTA et autres non grata – ont été intégrés aux détergents. **Pour plus de détails voyez l'annexe 2**. À partir de 1960, on a remarqué qu'il y avait plus de mousse dans les rivières et de sérieux problèmes dans les égouts y compris de l'eau qui moussait lorsqu'elle sortait du robinet. Les coupables sont des dérivés du pétrole pas complètement dégradés par les bactéries naturellement présentes dans les effluents.

En dépit de leurs avantages et de leurs performances évidents, ils ont créé les problèmes de santé et environnementaux que l'on sait. Pour plus de détails sur ce sujet, voyez l'**annexe 2.**

Sébastien Bidault explique que les industriels ont de plus en plus tendance à découper tous les processus naturels pour les remplacer par des produits chimiques. On peut faire un savon sans avoir à passer par la case saponification. On prend du laureth sulfate tout simplement. Sur les étiquettes des différents produits, il y a toute une liste d'ingrédients aux noms barbares qui en fait reformulent chimiquement ce que l'on peut faire naturellement. C'est le complexe de Gaïa, la déesse de la nature, de la terre. La volonté de tout séparer et de recréer chaque élément pour tout fabriquer de façon complètement synthétique.

En réaction à ce phénomène, de plus en plus de gens se tournent vers des produits naturels.

Savons noirs

On peut faire du savon avec n'importe quel corps gras, y compris certains, fort peu recommandables qui donnent des savons aux odeurs effroyables.

Paul Kerbouc'h explique qu'une huile est un mélange de triglycérides avec des chaînes dont la longueur peut varier en fonction du type d'huile – une huile de coprah a des chaînes plus courtes qu'une huile de lin ou d'olive – et de l'origine de cette huile – une huile de lin du Canada n'aura pas les mêmes longueurs de chaînes qu'une huile d'Europe centrale.

En fonction de la longueur des chaînes, la détergence va être un peu différente, tout comme la sensibilité au rancissement et la réactivité avec l'air. Les chaînes courtes en Carbone 12 ou Carbone 14 de l'huile de palme ou de coprah, moussent plus mais sont moins performantes pour émulsifier la graisse. Autrement dit, ça mousse plus mais ça lave moins bien. Les huiles de lin ou d'olive, avec des chaînes plus longues, moussent moins mais sont plus performantes pour émulsifier les graisses.

Un savon fabriqué avec des huiles à chaînes longues a également une action plus nourrissante qu'un savon fabriqué avec une huile à chaînes courtes en C12 ou C14.

Savon noir à l'huile lin ou de chanvre du Nord

Traditionnellement, le savon noir à l'huile de chanvre et de lin était fabriqué dans les pays du Nord. Jusqu'à la fin du XIXe siècle, il était surtout fabriqué à partir d'huile de chanvre qui a été remplacée par d'huile de lin. Le lin est une plante qui n'a pas besoin de beaucoup de pesticides et d'intrants pour produire ses graines. Son huile a un indice de saponification qui est assez bas aux alentours de 180, ce qui permet de saponifier plus facilement.

Savon noir à l'huile d'olive du Sud

Certains savons noirs à l'huile d'olive sont faits uniquement avec de l'huile d'olive. D'autres sont fabriqués à base d'huile d'olive et d'olives noires broyées, mises à macérer dans du sel et de la potasse, d'où sa couleur vert sombre, presque noire.

Hasida, responsable de fabrication de l'huile d'argan à la coopérative Ajddigue[20] explique que les olives sont pressées une première fois pour fabriquer l'huile d'olive alimentaire et certains savons noirs pour le corps. Puis elles sont pressées une seconde fois. Cette huile et la pulpe d'olives noires broyées – les grignons et les tourteaux – macérées dans du sel et de la potasse, sont utilisées pour fabriquer le savon noir à l'huile d'olive pour la toilette, le ménage et la lessive. Rien n'est perdu. Tout est récupéré.

Lisez les étiquettes

Des savons noirs sortent tous les mois sur le marché, mais il existe des savons noirs à l'huile de lin ou d'olive qui ne sont pas de vrais savons noirs : ils peuvent être fabriqués à base d'huile de coprah ou de palme auxquelles on rajoute en fin de fabrication,

20. "Fleur" en Amazigh www.ajddigue.com et http://www.communityfoodenterprise.org/case-studies/international/ajddigue-womens-argan-cooperative. Elle produit de l'huile d'argan et se trouve dans la commune rurale de Tidzi à 25 km d'Essaouira sur la route d'Agadir. Plus de 100 femmes en font partie.

trois cuillers d'huile d'olive et l'étiquette indique « savon à l'huile d'olive ». Si la liste des composants indique *olea europaea,* l'huile d'olive est ajoutée en fin de fabrication. Ce savon sera moins riche en matières actives.

Odeur

Baudelaire, qui nous fait un petit coup de calcaire, quitte Paris pour Bruxelles. Mais une fois sur place, le pauvre garçon est complètement traumatisé par la capitale belge et son odeur de savon noir : « Bruxelles sent le savon noir. Les chambres d'hôtel sentent le savon noir – avec lequel elles ont été lavées. Les lits sentent le savon noir – ce qui engendre l'insomnie pendant les premiers jours. Les serviettes sentent le savon noir. Les trottoirs sentent le savon noir[21]. »

Les savons noirs à l'huile d'olive, de lin ou de chanvre ont des odeurs particulières, pas vraiment enivrantes. "Mais un savon noir qui ne sent pas, n'est pas un vrai savon noir", explique Sébastien Bidault. Ceci dit, le savon noir dénoncé par notre pauvre Charles, est un savon noir qui pue parce que c'est un savon de mauvaise qualité comme celui évoqué par Zola dans *Germinal*, préparé avec des résidus d'épuration d'huile, des suifs, de la graisse de hareng ou autres poissons gras, ou de l'huile rance comme celle de Madame Loiseau : « Alexis [...] tournait le savon que Mme Loiseau faisait avec de l'huile dans laquelle autrefois elle conservait de la saucisse et qui maintenant était rance, et n'était bonne qu'à faire du savon.[22] »

Aspect

Selon un spécialiste[23] du savon noir du XIXe siècle, un bon savon noir ou savon mou à base de potasse, doit être plus épais qu'un sirop pour ne pas couler lorsqu'on retourne le pot qui le contient. Il doit être d'une belle couleur vert olive ou marron et devait avoir un goût alcalin âcre lorsqu'on le pose sur la langue. Il ne devrait

21. Charles Baudelaire : *Pauvre Belgique*, éd. Louis Conard, Paris, 1953.
22. Triolet, Elsa : *Le Premier accroc coûte 200 francs*, Gallimard, 1997.
23. Henry G. Piffard : *A Treatise on The Materia Medica And Therapeutics Of The Skin*, William Wood & Company 1881.

pas être gélatineux du tout, mais plutôt comme de la pulpe et parfaitement homogène. Il ne devrait pas avoir une odeur rance. Il doit se dissoudre dans l'alcool, sans laisser de résidus conséquents. Et pour finir, on ne doit pas découvrir la moindre particule de savon lorsqu'on le frotte entre les doigts.

Soude et potasse

Pour fabriquer soi-même de la soude – ou de la potasse – comme cela se fait toujours en Afrique par exemple, il suffit de ramasser les restes de combustion de plantes à haute teneur en sels et de les extraire par dissolution. On arrose un vieux drap – *le cendrier* – dans lequel on enrobe et retient les solides charbonneux. La phase solide est compressée et asséchée par la torsion du drap par deux hommes qui l'enroulent sur des bâtons. Le liquide contenant la soude – ou la potasse – est recueilli dans un cuveau, puis mis à évaporation au soleil.

INFORMATIONS POUR NOS LECTEURS

Juste après, vous trouverez le pense-bête des principales recettes utilisées dans ce livre.

Plusieurs paragraphes font référence à des recettes ou des astuces identiques plusieurs fois répétées. Elles sont indiquées ici à titre de pense-bêtes.

LA MAISON, comment fabriquer votre propre :

Produit nettoyant universel

Diluez une cuiller à soupe de savon noir dans un litre d'eau, ajoutez une dizaine de gouttes d'Huiles Essentielles de citron, romarin, eucalyptus, *tea-tree* ou ce que vous voulez et versez dans un vaporisateur. Voilà un produit ménager « à tout faire fait maison » écologique, économique, efficace. N'OUBLIEZ PAS DE METTRE UNE ÉTIQUETTE indiquant « Nettoyant universel maison ».

Produit vaisselle

Prenez une bouteille de liquide vaisselle vide (Et NON une bouteille d'eau vide pour éviter tous risques d'ingestion). Vous y versez un demi-verre de savon noir liquide, une cuiller à soupe de bicarbonate et – en option – quelques gouttes d'une ou plusieurs Huiles Essentielles de votre choix, par exemple, vingt gouttes d'Huile Essentielle de citron pour un liquide vaisselle au citron.

Lessive pour le lave-linge

Pour le blanc : Mettez deux tasses de savon noir dans un récipient. Faites bouillir six tasses d'eau distillée et versez-la sur le savon. Mélangez et laissez reposer pendant une demi-heure. Ajoutez une tasse de cristaux de soude et une autre de bicarbonate pour blanchir le linge et renforcer le pouvoir dégraissant de votre lessive. Ou une tasse de percarbonate de sodium qui désodorise, détache et blanchit le linge. Complétez, si vous voulez, avec une cuiller à café de votre Huile Essentielle préférée. Versez le tout dans un bidon à lessive, ou un bocal hermétique.

Utilisez une tasse de cette préparation pour faire une lessive en machine ou un quart de tasse pour le lavage à la main.

Pour la couleur : Comme pour le lavage à la main, le vrai savon noir à l'huile d'olive ou à l'huile de lin peut être utilisé sans problème au lave-linge. Selon le degré de saleté et de dureté de l'eau, mettez trois ou quatre cuillers à soupe de savon noir liquide dans le tiroir à lessive – ou dans une boule de lavage.

LE JARDIN, préparez votre :

Insecticide universel

Mélangez une cuiller à soupe de savon noir dans quatre litres d'eau chaude. Secouez vigoureusement à plusieurs reprises et laissez refroidir. Puis versez dans un vaporisateur pour attaquer les insectes et les maladies. La quantité vaporisée doit être assez généreuse pour que les plantes dégoulinent. Et l'eau doit s'accrocher au feuillage. Renouvelez l'opération tous les sept ou dix jours.

Insecticide universel renforcé

Réduisez cent grammes d'ail non épluché en purée, ajoutez un demi-litre d'eau et une cuiller à soupe de savon noir liquide. Laissez reposer vingt-quatre heures. Filtrez cette infâme mixture et versez-la dans cinq litres d'eau.

Et pour plus de puissance, faites une belle purée avec cent grammes d'ail et cent grammes d'oignon. Et procédez comme ci-dessus.

Mettez cette horreur dans un pulvérisateur et attaquez les vils envahisseurs.

Insecticide universel express (*fast potion*)

Pour aller plus vite, préparez une mixture qui tue avec deux cuillers à café de piment de Cayenne, deux cuillers à café d'ail en poudre, une cuiller à café de savon noir et deux tasses d'eau. Mélangez vigoureusement avant de vaporiser avec ce mélange épicé.

Préparez vos pesticides

Pour une attaque plus pointue, en plus de vos insecticides universels, vous pouvez préparer quelques pesticides puissants, élégants et pourtant si simples.

Préparez une infusion avec une plante en bonne santé qui pousse à côté de la plante envahie. Coupez une poignée de feuilles saines et faites-les infuser dans un demi-litre d'eau bouillante. Une fois que l'infusion est froide, filtrez-la et ajoutez-la à deux litres d'eau froide avec une cuiller à café de savon noir liquide. Vaporisez la plante malade avec cette préparation.

Potion anti-acariens

Écrasez sans les éplucher quatre-vingts grammes de gousses d'ail. Jetez-les dans dix litres d'eau froide. Laissez infuser pendant vingt-quatre heures. Faites bouillir un quart d'heure, laissez frémir pendant dix minutes, couvrez et infuser. Filtrez et ajoutez cent grammes de savon noir. Mélangez et vaporisez les plantes envahies.

DU SAVON NOIR
À LA MAISON

- Les sols
- La cuisine en entier et la salle de bains
- Le reste de la maison (carreaux, portes, murs, cheminée, radiateurs)
- Les tapis et moquettes
- Les meubles
- Etc.

Les fées aux mains propres dans leurs éco-logis

Nous utilisons en moyenne quatre-vingt huit kilos de produits nettoyants ménagers toxiques chaque année ! Chaque famille dépense 220 euros par an pour les produits d'entretien[24]. Ces lessives et produits ménagers contiennent tous quelques-unes des cent mille molécules chimiques présentes sur le marché – dont la grande majorité n'est pas évaluée[25] – et les libèrent dans l'air que nous respirons[26]. Même s'il est difficile d'évaluer leur impact sur la pollution à l'intérieur des maisons, il est suffisamment important pour être préoccupant.

Pour nettoyer sans s'intoxiquer, il vous faut le tiercé gagnant, les **musts absolus** de la fée du logie écologique qui sont :

Le bicarbonate de sodium et pas de soude ! Biodégradable, qui désodorise, récure, polit, blanchit, détache, et assouplit le linge. **Le savon noir** – biodégradable, qui nettoie et dégraisse à peu près tout – **et le vinaigre** – biodégradable, qui dégraisse, désinfecte comme personne, désodorise, enlève le calcaire, la

24. TNS Worldpanel.
25. Voir Annexe 2.
26. Rapport OQAI décembre 2006. Greenpeace « Vigitox ».

cire, les taches et le moisi, fait rutiler l'inox, adoucit l'eau et assouplit le linge.

Complétez cette équipe avec du citron, du sel et quelques autres pensionnaires biodégradables de vos placards :

De l'alcool à 90°, à 70° ou de ménage – tous à base d'éthanol et biodégradables –, **de l'eau oxygénée** – parfaitement écologique parce qu'elle ne libère que de l'oxygène et de l'eau –, **des cristaux de soude** – aussi mal nommés que le bicarbonate. Ce sont en fait des cristaux de carbonate de sodium[27], produit de nettoyage très efficace pour la maison. Un peu plus corrosif que son cousin le bicarbonate, mais biodégradable comme lui, le carbonate de sodium optimise la lessive, adoucit l'eau, dégraisse, désinfecte, détache et déloge efficacement la saleté nocive pour l'environnement[28]. **Et le percabonate de sodium**, fabriqué à partir du carbonate de sodium – nos fameux cristaux de soude – et de peroxyde d'hydrogène – l'eau oxygénée. Biodégradable, il détache, désodorise et blanchit. Pour plus d'informations sur ces produits, voyez **l'annexe 2.**

Et pour compléter ce petit *vanity*, ajoutez des Huiles Essentielles, des chiffons et serpillières en microfibre – le top pour le ménage. Souples, légers et résistants, ils sont bien plus efficaces que le coton. Mouillés, ils retiennent la saleté et lavent tout sans effort. Secs, ils captent les particules de poussière, empêchent leur mise en suspension dans l'air et leur retombée. Ils sont lavables à la main ou en machine et après deux ans de loyaux services, en fin de vie, ils sont recyclables.

N'oubliez pas les gants en caoutchouc et vous voilà équipée. Nous vous recommandons d'investir dans un modèle haut de gamme, très seyant qui monte bien haut. Une fois les travaux ménagers terminés vous pourrez faire un strip-tease endiablé, façon Rita Hayworth dans *Gilda*[29]. Nous ne saurions que trop encourager Geneviève et les autres créateurs de gants, de faire

27. Le carbonate de soude ou carbonate de sodium (numéro E500(i)) est un composé ayant pour formule Na_2CO_3. http://fr.academic.ru/dic.nsf/frwiki/287907
28. http://fr.academic.ru/dic.nsf/frwiki/287907
29. Film de Charles Vidor, Columbia, 1946.

des modèles virils dans le même esprit. Depuis l'avènement des Chippendales, sans parler du *Full Monty*, rien n'empêche plus Raymond et ses petits camarades de nous faire, eux aussi, un petit spectacle après la corvée. Car hélas, il faut bien reconnaître que le ménage reste toujours un pensum. D'ailleurs les Grecs, qui avaient des mythes pour tout, l'avaient bien compris. Ils ont inventé celui de Sisyphe tout spécialement pour le ménage. Si, si, absolument. Avant de crier au sacrilège, à la désacralisation éhontée du patrimoine mythologique de la Grèce antique, réfléchissez un peu ! L'énorme pierre que ce pauvre garçon est éternellement condamné à pousser en haut d'une montagne, pour qu'elle refasse aussitôt le chemin inverse *à donf*, est LE symbole parfait du ménage qu'il faut éternellement recommencer. Homère ne s'est trompé que sur le sexe. Tout le monde le sait maintenant : Sisyphe était une femme. D'ailleurs la grande Simone n'a pas hésité à lâcher le morceau dans le *Deuxième Sexe* quand elle explique très clairement que la dichotomie entre la transcendance et l'immanence s'applique parfaitement aux inégalités homme femme face aux taches ménagères. Hé oui, on a tendance à oublier que la torture sisyphéene quotidienne de la fée du logis est la moins partagée par les mâles. Heureusement qu'on a les robots avec nous ! On ne bénira jamais assez les inventeurs des aspirateurs, lave-linge et autres lave-vaisselle qui nous donnent un sérieux coup de main. Et c'est sans doute grâce à ces R2D2 domestiques que Raymond et ses frères ont enfin accepté de prendre en charge vingt pour cent des opérations sanitaires.

Le plaisir de piloter ces machines ménagères associé à la menace de grève à la Lysistrata a réussi à amorcer un changement culturel. Dans la pièce d'Aristophane au nom éponyme, Lysistrata lance la première grève du sexe. “Pour arrêter la guerre, refusez-vous à vos maris“. Mais malgré cela, on est loin des *fifty-fifty* souhaités.

De l'art de faire reluire les sols

Avec les cyborgs électroménagers sont arrivés aussi des *Mr and Mrs Clean* divers et variés, capables de tout nettoyer à coup de tornades blanches. Avec eux, vous officiez sans effort, en *stilettoes* et sans effets secondaires sur votre chignon savamment noué par Arnaud. Dommage qu'on ne puisse pas en dire autant de leurs effets sur la santé et l'environnement[30].

Lorsque dans un moment de joyeux abandon vous lavez le sol en faisant un duo avec Amy Winehouse, vous éradiquez la saleté tout en répandant allègrement des produits chimiques potentiellement dangereux sur la plus grande surface de votre cocon douillet. Des *cailleras non grata* comme le formaldéhyde, le chloroforme et le styrène, le LAS (linear-alkylbenzène-sulfonate), un tensioactif pétrochimique, tous fichés comme délinquants graves par l'EPA (Environmental Protection Agency) américaine, squattent vos pénates à des niveaux de deux à cinquante fois supérieurs qu'à l'extérieur. Et provenant en grande partie des produits ménagers. Certains nettoyants pour sols comprennent une liste d'ingrédients incroyablement toxiques[31]. D'ailleurs les personnes exposées aux produits nettoyants industriels souffrent souvent de problèmes d'irri-

30. Voir l'annexe 2 à la fin du livre.
31. *Ibid.*

tation des yeux, d'étourdissements, de perte de concentration, de fatigue, de toux, d'asthme et autres problèmes respiratoires.

Les produits pour sols qui nettoient et font briller en un seul coup de serpillière magique, vous envoient aussi une bonne dose de polymères à base de pétrole – comme les polyacrylates[32] par exemple, – pas vraiment top pour la santé. Sans oublier les fragrances qui parfument ces produits, et dont la plupart sont aussi des polluants. Certaines, inertes lorsqu'elles sont seules, deviennent toxiques une fois mélangées à l'ozone.

Les recettes que nous vous proposons sont écologiques, économiques et efficaces, les effets secondaires en moins. Bébé pourra allègrement ramper sur les sols nettoyés par vos soins sans s'intoxiquer. Et contrairement aux idées reçues, vous n'aurez pas à vous 'esclaver' grave, comme disait Ronsard, pour avoir des sols superbes. Le ménage écolo, à condition d'utiliser les bons produits et d'entretenir votre *home sweet home* régulièrement pour qu'elle reste *sweet*, ne demande pas plus d'effort que le ménage toxique.

Pour cela, il vous faut du savon noir. Il nettoie tout – ou presque – du sol au plafond, même si toute technicienne de surface, diplômée ou pas, confirme qu'il vaut mieux commencer par le plafond et terminer par le sol. Et, bien entendu, on part du grenier pour terminer par la cave.

Mais, comme ce sont les sols, surtout les carrelages, tomettes et marbres qui ont fait la réputation du savon noir, nous allons commencer par là. Le savon noir est un produit extrêmement concentré qui est très facile d'utilisation. Plus on en met, plus il est puissant. Pour le sol il en faut très peu. Il est économique et écologique.

Ardoise

L'ardoise est une pierre naturelle furieusement tendance pour les sols. Elle est très robuste et très peu poreuse, mais son imperméabilité ne la préserve pas des risques de décolorations.

32. *Ibid.*

Donc, pour l'entretenir, inutile de vous dévaster la crête. Il n'y a rien de mieux que l'eau savonneuse.

Vous prenez un balai-brosse, votre serpillière de gala microfibre et votre plus joli seau que vous remplissez d'eau chaude. Puis vous ajoutez, au choix, selon votre humeur ou l'état de vos stocks, deux cuillers à soupe de savon noir mou ou quatre bouchons de savon noir liquide. Vous diluez délicatement, inutile de vous faire une tendinite, et hop, c'est parti ! En deux temps et trois mouvements, le sol est propre.

Et si vraiment vous voulez voir le voisin raide collapsé, passez sur l'ardoise une serpillière imbibée de lait. Laissez sécher et lustrez avec un petit chiffon de laine. L'ardoise sera à tomber et le voisin ne s'en remettra pas.

Taches blanches

Horreur et malheur ! D'affreuses taches blanches défigurent votre sol. Les coupables sont des remontées de sels minéraux, difficiles à faire partir, surtout sur de l'ardoise ancienne. Pour les déloger, préparez le même mélange que pour laver, en multipliant par deux la dose de savon noir. Une fois la mixture prête, le plus simple c'est de donner un balai-brosse à Raymond en lui expliquant que cet exercice est excellent pour se faire des pectoraux mortels et que nous, on adore les beaux mecs avec de beaux pecs. Après, il suffit de laisser sécher avant de polir avec un petit chiffon de laine. Le sol, évidemment, pas les pectoraux !

Béton ciré

Le béton ciré est trop top *fashion*. On adore ! Et, pour sa toilette, les *gourous*[33] de ce revêtement conseillent un petit shampoing au savon noir. Autrement dit : deux cuillers à soupe de savon noir mou ou quatre bouchons de savon noir liquide dans cinq litres d'eau bien chaude.

33. http://www.betoncire.com/renovation.html photo 23 et http://www.batirama.com/Mise-en-oeuvre/Revetements-de-sols/Realiser-un-beton-cire-colore.html

Pour les diverses marques ou traces non identifiées qui ruinent son look, diluez du savon noir dans de l'eau chaude. Saupoudrez du bicarbonate sur la tache, dégainez une brosse que vous trempez dans l'eau savonneuse et frottez. Rincez et séchez soigneusement.

Brique de Bourgogne et autres pierres calcaires

Gabrielle vous dira que pour nettoyer les sols de brique de Bourgogne (ou d'ailleurs), rien ne vaut le savon noir. Et plus vous les nettoierez, plus elles deviendront belles. Si, si. Elle vous le jure. (Ne jurez pas, Gabrielle, ne jurez pas !) Ce petit soin de beauté désincruste la saleté, fait briller, nourrit, protège et, en prime, donne une belle patine à faire pâlir la voisine.

La recette est simple : Diluez deux cuillers à soupe de savon mou ou trois à quatre bouchons de savon noir liquide dans cinq litres d'eau chaude et bichonnez vos briques.

Taches sur les briques

Taches blanches

Ce sont des taches de calcaire ou de salpêtre. Éliminez-les sans pitié avec du vinaigre. Ajoutez un demi-verre de vinaigre dans un demi-seau d'eau chaude. Trempez votre petit chiffon préféré microfibre dans le mélange pour effacer ces taches disgracieuses. Rincez, puis lavez avec le mélange eau-savon noir ci-dessus et séchez.

Taches de boisson alcoolisée

Épongez aussitôt les dégâts de vos agapes. Avec un peu de chance, tout disparaîtra. Sinon, frottez ces taches avec un chiffon imbibé de vinaigre avant de laver le sol avec votre mélange habituel eau et savon noir.

Taches de bougie

Intervenez rapidement en passant un glaçon sur la cire pour la durcir. Retirez le plus gros avec un couteau ou le côté d'une cuiller à soupe, puis grattez délicatement l'excédent avec un cutter. Frottez la tache avec du savon noir. Rincez et séchez.

Taches de café ou thé

Si la dernière *tea party* de tante Hortense a fait quelques dégâts, épongez le liquide aussitôt puis effacez les traces avec du vinaigre. Pour les taches qui s'accrochent, passez à la vitesse supérieure en les frottant avec de l'alcool à 90°ou à 70°, suivi du traitement habituel à l'eau savonneuse.

Taches de chocolat

Les petits monstres ont renversé leur chocolat chaud et, bien évidemment, il y en a partout. Épongez le plus rapidement possible avant de frotter avec un chiffon imbibé de vinaigre. Si vous rencontrez de la résistance, attaquez avec de l'alcool à 90°. Puis lavez avec votre lave sol au savon noir.

Taches d'excréments

Différentes études[34] montrent que quatre-vingts pour cent de la saleté dans la maison est ramenée de l'extérieur sur la semelle des chaussures. Et, parmi les horreurs collectées sur les crottoirs notoires que sont les trottoirs et qui nous collent aux baskets, les crottes de chien sont présentes à 99.99 %. Certes, les semelles lisses de nos Laboutin sont moins sales que celles de nos Nike, mais elles n'en sont pas moins polluées !

Donc, pour éliminer ces innommables immondices sur vos jolies briques de Bourgogne, mettez vos gants, grattez l'excédent de la tache. Passez sur la zone sinistrée une serpillière imprégnée de vinaigre. Puis lavez à l'eau et au savon noir.

Et pour désincarcérer ces déjections canines de la semelle de vos baskets, mettez un masque, des gants et dégainez le dégrippant. Délogez tout ce que vous pouvez avant de les laver. Ou mieux encore, faites comme Bénédicte qui confie cette mission à haut risque à Stéphane.

---

34. Paula Jhung : *How to Avoid Housework*, A Fireside Book, 1995.

Taches de goudron

Les taches de goudron sont une horreur, mais par forcément un malheur. Commencez par retirer le maximum avec le côté d'une vieille cuiller réservée au nettoyage. Puis frottez la tache avec du savon noir mou. Essuyez, puis lavez à l'eau chaude.

Taches d'huile

La bouteille d'huile vous a glissé des mains et c'est la cata. Pas de panique. Recouvrez immédiatement le sinistre avec de la farine, de la Maïzena, du talc ou de la terre de Sommières. Lorsque l'absorbant de votre choix a rempli sa mission, passez l'aspirateur pour ramasser l'infâme mixture qui en résulte. Puis lavez avec votre eau savonneuse habituelle.

Taches de sang

S'il y a eu un meurtre dans votre cuisine, épongez rapidement toute trace d'hémoglobine compromettante, puis lavez à l'eau et au savon noir. Après un soigneux coup de serpillière, un œil nu ne verra rien. Mais si les spécialistes débarquent avec un œil ou les deux habillés de lunettes spéciales et qu'ils vaporisent du Luminol sur la scène de crime, alors là, les carottes sont cuites ! Tout le savon noir du monde ne suffira pas pour effacer la totalité des traces compromettantes. Hélas, *nobody's perfect* ! Lady Macbeth, grande spécialiste du problème, confirmera.

Taches de vomissures

La gastro a encore frappé. Alors, aux grands maux, les grands moyens : Il vous faut un masque, des gants, de l'eau gazeuse, du savon noir et de l'eau chaude.

Enfilez les gants, le masque et même le tuba si vous voulez pour retirer le plus rapidement possible l'excédent de matière régurgitée. Épongez au plus vite, inondez d'eau gazeuse, épongez à nouveau et lavez avec du savon noir dilué dans un bon seau d'eau chaude.

Carreaux de ciment peint

Un sol en carreaux de ciment peint, c'est *no souci* avec un seau d'eau chaude, deux cuillers à café de savon noir mou ou quatre bouchons de savon noir liquide et une serpillière magique microfibre.

Pour les taches tenaces qui se la jouent 'incruste', mettez un peu de savon noir sur une petite *grattounette* et frottez. Si elles résistent toujours, ajoutez du bicarbonate au savon et *grattounez* avec violence. Après ce traitement musclé, il ne vous restera plus qu'à rincer.

Carrelage

Les premiers carreaux de terre cuite ont été retrouvés à Babylone. Ils faisaient office de livres. Les écrits étaient gravés sur ces tablettes de terre qui ensuite étaient cuites au four. La bibliothèque d'Assurbanipal à Ninive comptait près de cinq mille titres, sur des thèmes divers et variés, dont la première recette de savon à base de suif et de potasse de plantes !

Très vite, ces carreaux sont devenus des objets de décoration. Peints, vernis, émaillés et parfois embossés on les trouve partout – sols, murs, plafonds, portes, façades, dômes et piscines. Et qui sait, peut-être les techniciens de surface de l'époque les lavaient au savon de suif ? À la mise sous presse, rien ne le confirme.

En tout cas, aujourd'hui, tous les spécialistes du carrelage consultés sont formels : pour l'entretenir, c'est le savon noir, le savon noir et le savon noir. Et, plus vous l'entretenez, plus il devient beau.

Évitez les produits nettoyants spécifiques. Ils contiennent une solution à base d'acide qui supprime instantanément le calcaire. Un vrai miracle ! Mais dans la foulée, elle attaque aussi le carrelage. Donc pour prolonger la vie de votre carrelage, c'est le lavage au savon noir. Et si besoin, ajoutez un peu de vinaigre à votre seau d'eau. Non seulement votre sol sera impeccable mais votre budget « produits d'entretien » pour le carrelage, les sanitaires et les arts de la table se limitera à deux euros par mois. Une bonne nouvelle pour les *recessionistas* et autres victimes des restrictions budgétaires !

Pour nettoyer les sols carrelés sans rinçage :

Deux cuillers à soupe de savon noir mou. Inutile d'en mettre plus, sauf si vous voulez transformer votre cuisine en patinoire comme le sol du salon d'Arnaud, votre coiffeur préféré, après le passage de la femme de ménage trop dispendieuse en pâte noire.

Ou

Un bouchon par litre d'eau de savon noir liquide, soit trois bouchons pour trois litres d'eau.

Un seau d'eau chaude.

Et, en option, si vous voulez parfumer, quelques gouttes de votre Huile Essentielle préférée.

Mélangez le tout, lavez et essuyez pour que la saleté dissoute ne sèche pas sur les carreaux ou ne pénètre pas dans les joints.

Si le carrelage est gras
Faites la même préparation et ajoutez un quart de tasse de vinaigre. Et là, adieu gras, graisse et autre lipidité malvenue.

Si le carrelage est très encrassé
Faites cuire des pommes de terre dans beaucoup d'eau. Une fois les patates bouillies, réservez-les pour faire des galettes frites, de la purée ou ce que vous voulez. Récupérez l'eau de cuisson jusqu'à la dernière goutte – il vous faut un bon litre – pour y diluer trois cuillerées à soupe de savon noir mou – ou cinq bouchons de savon noir liquide. Mélangez et frottez les zones qui font de la résistance avec une brosse.

Si vous n'avez pas de pommes de terre ou que vous n'avez pas envie d'en faire cuire – et c'est votre droit le plus strict – vous pouvez utiliser de la fécule de pomme de terre. Délayez cent vingt-cinq grammes de fécule dans un demi-litre d'eau froide. Faites chauffer le mélange pour obtenir une gelée liquide. Après il ne vous reste plus qu'à verser la gelée dans 10 litres d'eau. Mélangez, ajoutez le savon noir et le tour est joué.

Traces noirâtres ou éraflures

Pour éliminer les traces noirâtres laissées par les dérapages contrôlés de Timothée et Barnabé, passez un peu de savon noir sur ces vilaines marques. Si elles ne décolèrent pas, saupoudrez-les de bicarbonate et frottez. Elles devraient disparaître sans demander leur reste !

Granit

Le granit, bien que membre de l'honorable clan des pierres calcaires, en contient fort peu en réalité. Ce qui veut dire qu'il n'est donc pas très poreux. Celui-là, c'est un vrai dur, pas fragile pour deux sous et très facile à entretenir avec votre mélange eau-savon noir.

Grès

Pour bichonner votre beau sol en grès trop giga chic, préparez votre seau d'eau avec vos trois bouchons de savon noir liquide. Lavez puis rincez avec un seau d'eau additionné d'un verre de vinaigre blanc. Essuyez pour absorber l'humidité restante.

Pour faire un sort à un sol très encrassé, préparez la solution suivante qui lui rendra illico son éclat perdu :

Dans un seau d'eau chaude, diluez cinq bouchons de savon noir liquide ou trois cuillers à café de savon noir mou, ajoutez une tasse de bicarbonate et mélangez. Lavez et rincez avec un seau d'eau tiède additionné d'un verre de vinaigre.

Pour exploser les taches récalcitrantes, n'hésitez pas à solliciter votre *grattounette* préférée. Saupoudrez du bicarbonate sur la tache et *grattounez* délicatement avant de rincer.

Linoléum – lino pour les intimes

Le lino – le vrai, pas le vinyle – est fabriqué avec un mélange d'huile de lin, de liège, de farine de bois, de résines naturelles, de minéraux et de pigments. Il est beaucoup plus résistant que le vinyle. À condition d'être ciré tous les cinq ans environ, avec une cire résine spéciale, « 50 ans ne lui feront pas peur » dixit les spécialistes. Et, pour l'entretien : c'est le savon noir. D'ailleurs, le premier savon noir à l'huile de lin commercial à être vendu aux États-Unis était un produit destiné à l'entretien… du lino ! Fabriqué en Californie dans les années 1920 par Louis Kang, un immigrant coréen, ce produit portait le doux nom de Lin-Sol.

Le lino n'aime pas l'eau. Une serpillière imbibée de la préparation habituelle savonneuse bien chaude suffit pour le laver.

Diluez une à deux cuillers à soupe de savon noir mou ou trois à quatre bouchons de savon noir liquide dans un seau d'eau chaude. Mélangez le tout, lavez, utile de rincer, le savon noir ne laisse pas de trace et en prime, il forme une couche protectrice.

⚠ Préparez les lunettes de soleil parce que vous risquez d'être éblouie par sa beauté éclatante.

S'il est terne, qu'à cela ne tienne, prenez deux jaunes d'œufs, mélangez-les à un litre d'eau. Passez ce masque de beauté sur votre lino et séchez soigneusement.

S'il est très sale ou encrassé par un excédent de cire

Ajoutez un verre de vinaigre blanc à votre seau d'eau savonneuse puis frottez au balai-brosse.

Ou

Ajoutez une poignée de cristaux de soude au seau d'eau chaude additionnée de savon noir. Et frottez au balai-brosse.

Taches sur le lino

Aliments sucrés

Saupoudrez du bicarbonate sur la tache qui fâche. Frottez avec une éponge humide. Lavez avec une éponge imbibée d'eau et de savon noir. Rincez et séchez avec un chiffon microfibre.

Boissons alcoolisées, café ou thé

Épongez le liquide indésirable, puis suivez le mode d'emploi ci-dessus.

Bougie

Passez un glaçon sur la cire pour la décoller plus facilement. Retirez ce que vous pouvez. Recouvrez la tache de bicarbonate et frottez. Puis suivez le mode d'emploi ci dessus.

Cirage

Des taches de cirage noir sur un beau lino gris, c'est un cauchemar. Avant de criser, essayez de les éradiquer avec un petit chiffon microfibre délicatement imbibé d'eau et de savon noir. Si cette première approche se solde par un échec cuisant, prenez du bicarbonate en renfort, saupoudrez la tache et frottez. Puis suivez le mode d'emploi précédent.

Colle

Retirez sans brutalité toute la colle possible. Passez à la vitesse supérieure en saupoudrant la tache avec du bicarbonate. Frottez délicatement avec une éponge humide, Et si toutes les traces de ce regrettable accident n'ont pas été effacées, attaquez avec un tampon de laine d'acier préalablement trempé dans une solution d'eau et de savon noir.

La laine d'acier a été inventée au XIXe siècle par les ouvriers métallurgistes. Comme à l'époque le recyclage était un mode de vie, ces perspicaces travailleurs s'étaient aperçus que les rognures de métal étaient très efficaces pour nettoyer et récurer les surfaces métalliques. Donc, plutôt que de les jeter, un petit malin a eu l'idée d'en faire des petits paquets destinés à cet effet : un franc succès ! Le tampon à récurer était né dans l'allégresse générale. Un peu plus tard, un autre petit rusé, frappé par une inspiration aveuglante – du style de celle qui n'arrive qu'une seule fois dans toute une vie – a ajouté du savon noir à ces tampons. Et là, bingo ! Il avait vu juste, sa fortune était faite. Les ouvriers l'ont adopté, puis les ménagères qui l'ont accueilli à bras ouverts pour nettoyer leurs batteries de casseroles en aluminium.

Fuel et goudron

Épongez le fuel ou retirez l'excédent de goudron avec le côté d'une cuiller à soupe. Puis frottez les taches avec un peu d'huile de table, la moins chère, sur un chiffon. Lavez avec une serpillière imbibée d'eau savonneuse. Et séchez soigneusement.

Graisse

Pour la dissoudre, faites la préparation habituelle et dites *good-bye* au gras *non grata*.

Moisi

Hélas, cette triste contamination fongique peut se produire même dans les meilleures maisons. Inutile de mourir de honte cette fois-ci, vous trouverez bien d'autres occasions pour le faire plus tard. Pour l'heure, contentez-vous de parer au plus pressé : volez la farine de moutarde destinée aux cataplasmes du grand-père de Raymond pour faire un bon gommage à ce pauvre lino. La recette est simple : Délayez la farine de moutarde dans de l'eau froide pour en faire une bouillie. Étalez cette préparation sur les taches et laissez poser pendant quelques heures. Retirez l'emplâtre, essuyez avec un chiffon. Préparez le mélange eau/savon noir, lavez avec et essuyez.

Peinture

Épongez la peinture avec du papier absorbant. Recouvrez la tache de savon noir. Laissez quelques minutes, puis frottez avec une éponge humide saupoudrée de bicarbonate. Rincez avec une éponge imbibée d'eau. Et séchez avec un chiffon microfibre.

Sauce

Au lieu de laisser les spaghettis, sauce tomate au basilic décorer le lino façon Jackson Pollock et pour toutes les catastrophes saucières sur votre sol en linoléum, la marche à suivre est simple : on ramasse ce qu'on peut, on essuie, on passe une serpillière trempée dans le mélange de lavage et on sèche.

Suie

La suie ne se laisse pas déloger facilement. Mais avec une bonne poignée de cristaux de sodium dans un seau d'eau chaude additionnée de deux cuillers de savon noir mou – ou de quatre bouchons de son frère liquide – elle ne sera plus qu'un mauvais souvenir.

Marbre

Qu'il soit de Carrare ou d'ailleurs, le marbre – poreux par nature – adore le savon noir. Pour qu'il ne ternisse pas et qu'il soit toujours aussi beau que celui des palais vénitiens – dixit Michèle –, lavez-le régulièrement à l'eau tiède et au savon noir. Rincez bien avant d'essuyer au chiffon doux.

Nettoyez le marbre clair avec le mélange standard eau et savon noir auquel vous ajoutez quelques larmes de vinaigre.

Vous pouvez aussi utiliser cette préparation pour les meubles en marbre, les plans de travail et même pour faire la toilette des statues. Dans ce cas, prenez avec une brosse souple imbibée du mélange.

Taches sur le marbre

Pour faire disparaître les taches résistantes qui défigurent votre marbre, insistez sur les zones problématiques avec une brosse à poils durs, trempée sans votre mélange habituel.

Si ce traitement ne suffit pas, appelez le bicarbonate et la poudre de pierre ponce à la rescousse pour préparer une crème nettoyante. Mélangez un tiers de bicarbonate et deux tiers de poudre de pierre ponce avec un peu d'eau. La poudre de pierre ponce est une poudre d'une finesse extrême, qui permet de nettoyer sans rayer, même le verre. Elle est vendue en droguerie, à un prix tout à fait démocratique. Frottez, laissez sécher puis rincez à l'eau et au savon noir. Séchez avec un chiffon microfibre. Et pour épater le cousin de Raymond, n'hésitez pas à lustrer avec un chiffon microfibre trempé dans de la poudre de craie.

Les taches sur le marbre clair sont un peu plus difficiles à faire disparaître. Avant de vous mettre à hurler de désespoir, respirez profondément, préparez-vous un petit thé pour vous calmer, puis attaquez les taches. Pour cette mission, il vous faut du sel fin, du lait caillé – si vous n'en avez pas, *no problemo amigo,* un trait de vinaigre dans une tasse de lait, et le liquide caillera rapidement – et du savon noir.

Recouvrez les taches avec le sel et recouvrez le sel avec le lait caillé. Si votre mixture détachante se trouve sur un lieu de passage, recouvrez-la avec un ou plusieurs seaux de plage retournés ou de grands pots de yaourts retournés – et vides, évidemment ! – pour signaler les travaux. Laissez agir quelques jours. L'idéal, c'est de le faire avant de partir en week-end par exemple.

Après le délai d'attente recommandé, essuyez le lait caillé avec un chiffon humide et lavez avec de l'eau très chaude agrémentée de savon noir.

Cire

Passez un glaçon sur la cire, retirez le maximum de substance maintenant durcie, avec une lame de cutter en prenant soin de ne pas rayer le marbre. Recouvrez la marque laissée sur le marbre avec du plâtre très fin – blanc d'Espagne ou blanc de Meudon. Pliez un torchon en huit et roulez-le très serré. Avec ce tampon improvisé, frottez en faisant des cercles jusqu'à ce que disparition du plâtre s'en suive. Puis frottez avec un chiffon doux.

Effacez les traces de votre intervention avec de l'eau très chaude et du savon noir, dans les proportions habituelles. Si les taches ont la mauvaise idée de résister, recouvrez-les de savon noir, frottez-les avec une brosse à ongles trempée dans du bicarbonate. Rincez, essuyez et faites briller avec un chiffon imprégné de lait.

Goudron

Une recette de 1909[35] conseille de faire disparaître ce vilain graisseux avec un mélange de blanc d'Espagne, de cristaux de sodium et juste assez d'eau pour faire une pâte nettoyante. Appliquez-la sur les taches et laissez-la œuvrer quelques heures. Rincez avec de l'eau très chaude et du savon noir, essuyez et faites briller le sol avec une peau de chamois. Cette petite création enlève aussi les traces de charbon.

Sinon, pour faire simple, retirez le maximum de goudron, recouvrez la tache avec du savon noir et laissez macérer quelques instants. Enlevez le savon noir et rincez à l'eau chaude.

Graisse

Éliminer ces marques disgracieuses avec une larme de savon noir sur un chiffon. Les vôtres – les larmes, *of course* – ne sont pas nécessaires pour le succès de cette opération de sauvetage. Rincez soigneusement à l'eau chaude. Maintenant, si vous voulez, vous pouvez pleurer de bonheur. C'est terriblement tendance. Même dans les émissions de télé sur le nettoyage ou le bricolage ! Et dans celles sur le *relooking* – de la maison ou de la personne – les larmes de joie sont OBLIGATOIRES.

Avant de vous laisser aller à ces débordements lacrymaux, vérifiez que les taches sont bien parties sans laisser de trace. Si elles sont toujours en place, armez-vous de blanc d'Espagne et de bicarbonate en quantités égales. Ajoutez un peu d'eau pour faire une pâte nettoyante de la consistance d'un dentifrice. Recouvrez les taches avec cette mixture. Laissez reposer quelques heures, rincez avec du savon noir et de l'eau, séchez et polissez avec un chiffon de laine. Et si vous n'en avez pas, prenez le vieux pull en cachemire de Raymond.

---

35. Alice A. Johnson, Mrs. Janet McKenzie Hill, Dr. Henry HartShorne : *Household Companion : The Model Cook Book*, M.L. Dewsnap, 1909.

Ou

Recouvrez le sinistre avec de la terre de Sommières, de la farine, de la Maïzena, ou du talc. Patientez quelques heures, retirez avec un balai ou l'aspirateur. Lavez avec du savon noir dilué dans de l'eau, séchez et polissez délicatement en évitant toute crispation du poignet ou de la mâchoire.

Peinture

Malgré les protections placées sur le sol, de la peinture macule votre marbre. Ne sombrez pas dans la dépression. Sortez plutôt votre plus joli cutter de gala et grattez délicatement pour enlever tout ce que vous pouvez. Recouvrez les reliefs tenaces avec du savon noir, laissez poser comme un masque de beauté. Rincez soigneusement, séchez et polissez avec une petite laine.

Suie sur du marbre clair

D'innommables traînées noirâtres du plus vilain effet maculent votre marbre clair. Celui qui faisait votre fierté et votre joie n'est plus que l'ombre de lui-même. Effacez ce triste spectacle en le lavant comme d'habitude. Et si quelques misérables s'avisaient de faire de l'incruste, dégommez-les sans pitié avec du citron salé additionné d'un peu d'eau. Rincez soigneusement. Quant au reste de citron, salé, il servira pour la Tequila qui vous remontera après cette douloureuse épreuve. Et nature, le citron sera parfait dans un petit thé dont les vertus réconfortantes bien connues vous feront le plus grand bien.

Mosaïque

Faites une beauté au sol mosaïqué de votre boudoir avec de l'eau chaude et du savon noir.

Parquet

Les premiers revêtements de sols en planches de bois – ou planchers – datent du règne de Salomon. Au xe siècle avant Jésus-Christ, il a fait recouvrir la grande salle de réunion du temple de Jérusalem avec des planches en bois cyprès (ou de cèdre, les spécialistes ne sont pas d'accord sur les essences utilisées) décorées d'or pur – il fallait bien ça pour épater la reine de Saba ! Et comme Salomon n'était pas garçon à lésiner sur les effets spéciaux, il a fait sculpter, entre autres, des branches de palmier par des artisans. Et c'est là que sont nés les menuisiers. Avant la construction de ce temple, il n'y avait que des charpentiers. La différenciation officielle entre les deux métiers date de cette époque.

En Europe, il faut attendre le Moyen-Âge pour voir des « planchers menuisés ». Les premiers sont posés dans la Chambre des communes à Londres et grand nombre de châteaux où ils remplacent les dalles de pierre. En France, on les retrouve sur les sols de la Cour, sous Louis II, Prince de Condé. Au début du XVIIe siècle, on commence à trouver des lames de plancher disposées selon différents motifs, comme le plancher à l'anglaise ou au point de Hongrie. Le plancher prend officiellement le nom de parquet sous Louis XIV. Parquet vient de parc, l'enclos entourant l'estrade, où se rendait la justice.

Nicolas Fouquet, surintendant des finances de Louis XIV, a fait construire le château de Vaux le Vicomte, le premier à être habillé de parquet. Et bien évidemment, comme le grand Louis ne voulait pas être en reste, il s'est empressé de faire faire la même chose à Versailles.

Dans le Mercure Galant de 1673, on lit que : *« Les gens de qualité ne veulent plus de tapis de pied dans leurs alcôves, à cause de la poudre (poussière) qu'ils conservent, c'est pourquoi, ils les font parqueter de bois de diverses couleurs* ». Et ils sont entretenus par des frotteurs. Mais ce n'est qu'après la révolution que le parquet se démocratise.

Parquet en bois brut

Suzanne, la spécialiste des parquets en bois brut vous dira que pour l'entretien, c'est trop facile ! On mélange le savon dans l'eau chaude, on frotte avec un balai-brosse et on laisse sécher. Après, il n'y a plus qu'à admirer le résultat.

Parquet ciré

Selon le magazine *American Woodworker*[36], nettoyer un parquet, ciré ou pas, avec du savon noir, est ce qu'il y a de mieux pour le débarrasser de la saleté incrustée. Mais ça marche aussi pour des parquets moins sales ! Remplissez votre seau préféré d'eau chaude avec votre savon noir adoré, mélangez bien le tout. Trempez votre serpillière dans ce mélange, essorez-la au maximum avant de la passer sur votre parquet. Inutile de rincer.

Taches sur le parquet ciré

Alcool, aliments sucrés, café ou thé

Même combat ! Nettoyez toutes ces taches avec une éponge imbibée d'eau froide et de savon noir.

Si la tache persiste et signe, poncez avec un peu de bicarbonate, passez l'aspirateur, cirez et faites briller avec une petite laine.

En cas d'échec, poncez avec du papier de verre 0000 ou de la laine d'acier, puis procédez comme précédemment.

Excréments

Enlevez ce que vous pouvez. Délayez du savon noir dans de l'eau froide et lavez. Si le bois reste taché, poncez avec du bicarbonate, de la laine d'acier ou du papier de verre 0000.

Sang, urine ou vomissures

Épongez ou ramassez ce que vous pouvez. Tamponnez les taches avec le sang. Préparez un mélange d'eau froide et de savon noir et ajoutez quelques gouttes de vinaigre. Imbibez une éponge avec ce mélange pour tamponner ces taches. Si le bois reste taché, poncez avec du bicarbonate, de la laine d'acier ou du papier de verre 0000.

Parquet huilé

Un coup de serpillière humide suffit à le nettoyer. S'il est très sale, lavez-le avec le mélange eau et savon noir et une serpillière à

36. *American Woodworker* – April 1997 – N° 58.

peine humide. Les professionnels utilisent une machine à nettoyer les sols qui absorbe l'eau de lavage.

Les taches sur le parquet huilé

Passez une éponge humide avec une larme de savon noir sur la tache. Rincez avec une serpillière humide et essuyez aussitôt.

Parquets peints

Une cuiller à soupe de savon noir à l'huile d'olive diluée dans un seau d'eau chaude, vous avez de quoi nettoyer rapidement un parquet peint avec une serpillière humide. Essuyez sans rincer.

Parquets vitrifiés

Ils sont protégés et donc très faciles à entretenir. Diluez une cuiller à soupe de savon noir à l'huile d'olive dans un seau d'eau chaude. Plongez-y votre serpillière microfibre, essorez-la avec la plus grande vigueur avant de la passer sur le parquet. Essuyez aussitôt.

Taches sur le parquet vitrifié

Si malgré sa protection votre parquet est taché, ajoutez quelques gouttes de vinaigre blanc au mélange précédent. Rincez et essuyez-le plus vite que votre ombre.

Cirage

On frotte les taches avec une éponge saupoudrée de bicarbonate, puis on passe une serpillière préalablement trempée dans le mélange eau et savon noir, et soigneusement essorée.

Fuel ou goudron

Épongez le fuel ou grattez le goudron pour en enlever le plus possible. Puis saupoudrez les taches de bicarbonate. Lavez la zone sinistrée avec une serpillière que vous trempez dans le mélange eau et savon noir et que vous essorez soigneusement avant de la passer sur le parquet avec grâce.

Pierre

Sous le règne de Nabonidus (556-539 avant Jésus-Christ) une recette de savon donnait les ingrédients suivants : *uhulu* [cendres], huile de cyprès et huiles de graines de sésame. Ce savon était « pour les servantes pour laver la pierre[37]. »

Les sols en pierre adorent les lavages avec une brosse un peu dure imbibée d'eau tiède savonneuse – deux cuillers de savon noir mou ou deux bouchons du même en version liquide dans un seau d'eau. Rincez à l'eau froide et séchez.

Pierre

Taches sur la pierre

Acide

Raymond a renversé un produit acide sur le sol en pierre du salon. Donnez-lui les directives pour qu'il se charge de remédier à la situation immédiatement. Dites-lui de préparer une pâte un peu liquide avec du savon noir mou et de l'eau pour recouvrir la tache. La pierre va absorber cette préparation et la tache disparaîtra comme par enchantement.

Calcaire

Les taches blanches sur la pierre sont des dépôts de calcaire. Supprimez-les avec une brosse imbibée d'eau additionnée de vinaigre. Puis lavez avec de l'eau et du savon noir.

Graisse

Intervenez immédiatement pour enlever la graisse disgracieuse qui tache votre sol en pierre. Préparez un seau avec de l'eau très chaude et deux cuillers de savon noir et trempez une brosse dure ou un balai-brosse dans ce liquide. Frottez énergiquement et rincez.

---

37. Martin Levey : Gypsum, salt and soda in ancient Mesopotamian chemical technology, *Isis* 49.3 (September 1958 :336-342) p. 341.

PVC (polychlorure de vinyle), caoutchouc et autres sols souples

Le meilleur traitement de beauté des sols en plastique, c'est de les laver à l'eau chaude et au savon noir. Évitez absolument les poudres à récurer abrasives, l'essence et le dissolvant. Par contre, ils supportent parfaitement l'eau, l'huile, l'alcool, le vinaigre et les acides ménagers.

Taches sur les sols en PVC et autres sols souples

Frottez la zone tachée avec du savon noir pur. Si vous rencontrez une quelconque résistance, attaquez avec du bicarbonate, passez un petit coup d'éponge et séchez.

Bougie

Passez un glaçon sur la cire. Le choc thermique brutal vous permettra de retirer l'objet du délit délicatement avec la lame d'un couteau. Après, il ne vous restera plus qu'à enlever la tache en ponçant doucement avec une éponge saupoudrée de bicarbonate ou avec un tampon de laine d'acier avec un peu de savon noir liquide. Rincez et séchez.

Café, thé et chocolat

Pour éradiquer les maculages dus aux boissons diverses et variées du petit-déjeuner, on éponge, on frotte avec du bicarbonate, on passe une serpillière imbibée du mélange habituel et on sèche en poussant un profond soupir de soulagement.

Cirage

Une fois de plus, il va falloir rappeler à Raymond de cirer ses chaussures sur un vieux journal ! Quant aux dégâts immédiats, éliminez-les avec une éponge et du savon noir. Si la méthode douce ne donne pas de résultats, une légère abrasion au bicarbonate devrait régler le problème. Terminez l'opération avec le coup de serpillière habituel.

Colle

La colle sur les sols, c'est l'horreur. Retirez délicatement ce que vous pouvez avec le côté d'une cuiller ou la lame d'un couteau. Puis versez une larme de savon noir sur un tampon de laine d'acier imbibé d'eau. Frottez délicatement d'une main pendant que vous croisez les doigts de l'autre. Rincez et séchez.

Excréments

Retirez l'excédent de cette misérable matière qui macule votre sol avant de passer une serpillière imbibée d'eau savonneuse agrémentée de vinaigre.

Fuel et goudron

Préparez un mélange eau-savon noir auquel vous ajoutez une poignée de cristaux de sodium. Rincez et séchez.

Graisse

Pour toutes les taches de graisse normalement constituées, la préparation habituelle eau-savon noir fait des merveilles. Pour les cas de résistance exceptionnelle, faites-leur un sort en les frottant délicatement avec votre fidèle bicarbonate. Rincez et séchez.

Peinture à l'huile

Recouvrez les taches avec du papier absorbant. Quand il aura fait son travail, retirez le papier délicatement et recouvrez la zone tachée avec un peu bicarbonate et de savon noir. Frottez avec une éponge, rincez et séchez.

Terrazzo

Le *terrazzo* est un revêtement en béton et marbre poli qui fait fureur chez les décorateurs. Lui aussi, pour ses soins quotidiens, se contente d'un peu de savon noir dilué dans beaucoup d'eau chaude. Pour traiter les taches qui ternissent votre *terrazzo*, utilisez sans modération du savon noir non dilué. Et si par malheur, quelques importunes s'accrochent sans vergogne, attaquez-les avec de laine d'acier ou du papier de verre 0000 pour les déloger définitivement.

Tomettes

Les terres cuites bas de gamme sont difficiles à entretenir pour cause de porosité excessive. Les terres cuites de qualité, à condition d'être bien entretenues, deviennent de plus en plus belles avec le temps. Utilisez régulièrement du savon noir pour graisser légèrement les tomettes. Grâce à lui, elles deviendront moins poreuses, se patineront magnifiquement et seront beaucoup moins foncées qu'avec l'huile. Une fois que vos tomettes, provençales ou pas, seront bien lavées, séchez-les soigneusement avec un chiffon microfibre.

Sous la rubrique « *Entretien des carrelages en céramiques ou de pavés rouge (terre cuite)* » *Le Foyer Rural, Manuel d'enseignement ménager agricole*[38], recommande pour un nettoyage à fond, de bien balayer, puis de « Préparer une bonne savonnée, bien mousseuse en battant une petite poignée de savon noir dans un demi-seau d'eau très chaude. » Puis, de procéder avec méthode en commençant soigneusement le nettoyage par les plinthes et les recoins avant d'attaquer les tomettes avec « une bonne brosse trempée dans la savonnée » pour « frotter énergiquement le carrelage dans les 2 sens. » Après ce récurage en règle, il faut « ramasser l'eau sale avec la wassingue. » Les lecteurs de Tintin savent que dans *Les Cigares du pharaon*[39], Hergé explique que « *Dans ces temps d'épizootie, [on passait] la wassingue sur tout le parcours du Maharadjah.* » Les non-initiés découvriront dans le *Larousse* que *wassingue* est un mot picard qui vient du flamand *Wassching* – lavage – et que c'est tout simplement un synonyme de serpillière. Pour les spécialistes des patois que cela intéresse, en Savoie, la *wassingue* devient *panosse*.

Après ce passage de serpillière, il faut « rincer à l'eau claire avec une *wassingue* propre. » Sauf, évidemment si vous utilisez du savon noir à l'huile d'olive. Mais au pays des *wassingues*, on utilise surtout le savon à l'huile de lin.

38. *Le Foyer Rural, Manuel d'enseignement ménager agricole à l'usage des fermières, des élèves des Écoles Ménagères Agricoles, des élèves des cours post-scolaires ménagers agricoles et des élèves des cours par correspondance*, ouvrage collectif, Éditeur : Le Syndicat agricole, 1957.
39. Hergé : *Les aventures de Tintin : Les Cigares du pharaon*, Éditions de Minuit, 1993.

Les tomettes anciennes sont très poreuses – donc sensibles aux taches et d'un entretien délicat. Pour les nettoyer, utilisez du savon noir et de l'eau chaude, selon la recette consacrée.

Pour raviver la couleur, rincez-les à l'eau vinaigrée.

Pour les tomettes encrassées, comme pour le carrelage, vous pouvez utiliser l'eau de cuisson des pommes de terre, des haricots secs ou des épinards.

Taches sur les tomettes

Commencez par recouvrir les taches avec du savon noir non dilué. Laissez poser quelques heures avant de rincer. Si ce traitement ne suffit pas, utilisez un tampon de laine d'acier.

Fruits, soda, vin, etc.

Les tomettes de la cuisine de tante Honorine ont triste mine. Heureusement qu'elle n'est pas là pour voir dans quel état la petite sauterie de la veille a laissé les lieux. Pour lui éviter tout choc cardiaque à son retour, tamponnez les taches avec de l'eau tiède. Pour les cas récalcitrants, continuez à tamponner mais avec du vinaigre, puis avec de l'eau gazeuse. Lavez comme d'habitude avec de l'eau et du savon noir. Séchez et soupirez de soulagement.

Graisse et huile

Normalement vous avez de quoi administrer les premiers secours dans vos placards. Saupoudrez la tache d'une bonne couche de terre de Sommières, de farine, de Maïzena, de talc ou d'argile. Laissez agir toute une nuit. Passez l'aspirateur pour éliminer les reliefs du traitement anti-gras. Si des vestiges subsistent, frottez-les avec une brosse trempée dans un mélange d'eau très chaude et de savon noir agrémenté d'un verre de vinaigre. Rincez et séchez.

De l'art de faire rutiler la cuisine

La Hollande, dès le XVIIe siècle, était décrite par tous comme le pays le plus propre du monde. Le ménage était sacré et exécuté avec une rigueur militaire. Un manuel[40] de la parfaite ménagère de l'époque consacre un chapitre entier au planning de la semaine, lequel devait être suivi sans faillir avec une dévotion religieuse. Tous les matins, mission balayage des marches du perron. Le mardi après-midi, éradication de la poussière, le mercredi, ménage dans toute la maison. Le jeudi, opération briquage et récurage et le vendredi, nettoyage de la cuisine et de la cave.

Dans les romans et les tableaux de cette période, les femmes de ménage, grandes prêtresses de la propreté, étaient représentées comme des créatures sulfureuses, les plus dangereuses de toutes. Et quand on voit Scarlett Johansson dans *La Jeune fille à la perle,* on comprend pourquoi en hollandais le mot propre – *schoon* – veut aussi dire beau…

40. HUIZINGA, Johan, *Dutch Civilization in the Seventeenth Century*, London and New York, 1968.

Préparez vos produits ménagers

Produit nettoyant universel

Julie Bousquet-Fabre propose un nettoyant universel : diluez une cuiller à soupe de savon noir dans un litre d'eau, ajoutez une dizaine de gouttes d'Huiles Essentielles de citron, romarin, eucalyptus, *tea-tree* ou ce que vous voulez et versez dans un vaporisateur. Et vous voilà l'heureuse gagnante d'un produit ménager « à tout faire fait maison » écologique, économique, efficace et même, n'ayons pas peur des mots, élégant ! N'oubliez pas de mettre une belle étiquette indiquant « Nettoyant universel ».

Vous pouvez aussi vous laisser aller à créer quelques produits spécialisés :

Produit pour le verre, le métal et le plastique

Remplissez un vaporisateur avec deux tiers d'eau, un tiers de vinaigre et deux gouttes de savon noir liquide.

Produits pour les sanitaires

Pour les lavabos, baignoires, robinets, le bicarbonate est parfait, mais si vous voulez varier les plaisirs, concoctez-vous une pâte à récurer maison.

La pierre blanche

Il vous faut de l'argile – la blanche que vous utilisez pour vous faire des masques de beauté est parfaite, mais si vous avez de l'argile verte dans vos placards, pas de problème, elle fera l'affaire.

Mélangez une part d'argile et une demi-part de savon noir liquide. Mettez dans une boîte et laisser sécher pendant une semaine sans mettre le couvercle. Une fois que la pierre blanche est sèche, mettez le couvercle sur la boîte. Pour l'utiliser, il suffit d'en mettre un peu sur une éponge humide et de frotter la surface à nettoyer. Vous verrez, c'est magique.

Mettez une belle étiquette sur la boîte indiquant en gothique flamboyant le contenu de la boîte. Vous pouvez aussi signer et dater si vous le souhaitez.

Récurant liquide

Prenez un pot avec un couvercle étanche dans lequel vous versez délicatement deux tasses de bicarbonate, une demi-tasse de savon noir liquide, quatre cuillers à soupe de glycérine – qui fait office de conservateur – et cinq gouttes d'Huile Essentielle de lavande, de *tea-tree*, de romarin ou de ce que vous voulez. Mélangez soigneusement et fermez hermétiquement. Mettez une belle étiquette sur le pot indiquant l'identité du produit – il vaut mieux, par les temps qui courent, qu'il ait ses papiers sur lui – sa composition et sa date de fabrication. Vous pouvez le conserver pendant deux ans sans problème.

Si l'état des sanitaires ou celui des autres surfaces à nettoyer est sidérant, vaporisez sans attendre du vinaigre sur le sinistre avant de frotter avec le produit à récurer.

Si malheureusement vous êtes en panne de savon noir, vous pouvez le remplacer par du savon de Marseille que vous devrez râper et dissoudre dans de l'eau chaude.

Mais avant d'attaquer le ménage, quelques mots sur les éponges, *grattounettes* et autres chiffons. La triste vérité, c'est qu'à moins de les désinfecter scrupuleusement très souvent, ce sont des nids à microbes où grouille une population plus florissante que sur les sièges des toilettes. Pourquoi ? Tout simplement parce que les éponges et leurs collègues préposés au nettoyage contiennent les deux éléments indispensables au développement des microbes : l'eau et les nutriments. Ces conditions favorables en font l'habitat idéal pour les virus, les bactéries et tous les autres micro-organismes non fréquentables qu'on trouve dans les cuisines. Selon le Dr Kenneth Bock[41], une éponge lambda loge plus de 100 000 bactéries, y compris des

41. Kenneth Bock & Nancy Faass : *The Germ Survival Guide, McGraw Hill*, 2003.

maladies transmises par les aliments que vous avez essuyées sur les plans de travail, la table, la cuisinière et les autres surfaces. Beurk ! Beurk ! Beurk ! Donc, pour limiter les dégâts, remplacez vos éponges souvent. Et soyez sans pitié. Génocidez sans hésiter ces épouvantables E. *coli* et ces salmonelles scélérates. Pour les atomiser, oubliez les classiques passages au lave-vaisselle peu efficaces et mettez-les au micro-ondes !

Non, ce n'est pas une blague. Les chercheurs de l'Université de Floride à Gainesville[42] ont testé cette technique imparable de destruction massive des microbes. Ils ont trempé éponges et autres *grattounettes* diverses et variées dans des eaux usées qui contenaient un bouillon de cultures des plus déplaisants : bactéries fécales, parasites protozoaires et des spores bactériennes variées, dont une vraie dure à cuire : l'infâme germe Bacillus cereus – nom de code B cereus – fréquemment responsable d'intoxications alimentaires opportunistes. Le professeur Gabriel Bitton et son équipe ont testé la capacité du micro-ondes domestique ordinaire à atomiser ces misérables pathogènes. Les résultats étaient incontestables. Deux minutes au micro-ondes réglé au maximum suffisent à inactiver plus de 99 pour cent des pathogènes. Mais il faut quatre minutes pour venir à bout du *Bacillus cereus*.

Conclusion : Le Pr Bitton recommande un passage dans cet instrument de stérilisation puissant et peu cher, tous les deux jours. Ou plus si vous cuisinez beaucoup.

Après la publication de cette étude, il y a eu des plaintes de personnes furieuses parce que leur micro-ondes avait pris feu. L'éponge en flamme avait détruit leur appareil et empesté la maison. Ces malheureux apprentis peu dégourdis avaient stérilisé des éponges sèches ! L'université de Floride s'est empressée de publier un communiqué indiquant les précautions élémentaires à respecter avant de tester la recette :

42. Park, Dong-Kyoo, Gabriel Bitton, and Richard Melker : *Microbial inactivation by microwave radiation in the home environment*, J. Environ. Health, 2006.

« Pour éviter tout risque d'incendie, nous recommandons aux personnes qui souhaitent stériliser leurs éponges chez eux, de s'assurer que l'éponge est entièrement mouillée. Deux minutes sont suffisantes pour détruire la plupart des microbes. Les éponges ne doivent pas contenir de métal. Et, enfin, n'oubliez pas que l'éponge sera très chaude. Ne la touchez pas. »

Maintenant qu'on sait tout sur l'hygiène des éponges on peut attaquer le nettoyage.

Plans de travail

Un peu de savon noir sur une éponge, rincez à l'eau chaude et c'est propre. Vos plans de travail sont dégraissés sans forcer. Pour les taches tenaces, frottez avec du vinaigre, ou un peu de bicarbonate ou avec les deux.

Évier

Évier en acier

Nettoyez-le avec une larme de savon noir liquide sur une éponge. Rincez et essuyez avec un chiffon microfibres pour éviter les traces d'eau. Si elles sont installées, éliminez-les sans problème avec du vinaigre ou de l'eau gazeuse. Et si vous attendez la venue de belle-maman, terminez l'opération comme Lucia, par un polissage à la peau de chamois.

Si vous vous retrouvez un jour face à un évier en acier inoxydable affreusement encrassé, tout terne et décoré de traces que vous n'avez pas envie d'identifier, mettez un peu de savon noir mou sur une éponge. Saupoudrez l'évier avec du bicarbonate, frottez avec l'éponge et rincez au vinaigre.

Évier en émail

Un petit coup d'éponge avec une larme de savon noir fait des miracles sur un évier en émail blanc. Il nettoie, fait briller et protège l'évier qui se salira moins vite.

S'il est très encrassé, saupoudrez du bicarbonate, ajoutez du vinaigre, laissez mousser puis lavez avec un soupçon de savon noir.

Évier en pierre

Nettoyez l'évier avec un peu de savon noir sur une éponge humide. Il retrouvera son teint de jeune homme.

S'il est très encrassé, lavez-le au savon noir, rincez. Puis versez une cuiller à soupe bicarbonate dans une bouteille d'eau gazeuse. Mélangez et versez sur l'évier, laissez agir dix minutes puis rincez-le à l'eau chaude.

Les éléments de cuisine

Les portes en bois, en aggloméré, stratifié, etc.

Elles sont ternes, avec des traces de doigts ? Avant de prendre la décision radicale de les repeindre ou de les revernir, faites comme Giovanna. Pour les lessiver, préparez un seau d'eau chaude avec deux cuillers à soupe de savon noir. Trempez un chiffon microfibre dans cette solution, essorez-le, passez-le sur les portes et admirez le résultat.

Les portes en verre et acier bénéficieront du même traitement. Essuyez-les et faites-les briller avec un chiffon microfibre.

L'intérieur

Pour nettoyer l'intérieur des placards, un petit coup d'éponge avec un petit pois de savon noir fera disparaître les taches de graisse, de sauce, de miel ou de confiture sans problème.

Et si vous découvrez des indésirables qui squattent vos placards, préparez-leur une concoction létale. Remplissez un petit bol avec une demi-tasse de vinaigre et quelques gouttes de savon noir liquide. Placez ce récipient dans le placard occupé pendant une semaine. Ces vilaines bestioles, par l'odeur attirées, tomberont dans le liquide et se noieront. Il ne vous restera plus qu'à enlever le bol, vider vos placards et les nettoyer avec le produit nettoyant universel, ou avec un mélange eau, vinaigre et savon noir. Nettoyez bien toutes les boîtes, bocaux et autres emballages avant de les remettre en place dans vos placards.

Réfrigérateur et congélateur

Le produit nettoyant universel est parfait pour lessiver vos réfrigérateurs et congélateurs. Rincez avec de l'eau ou de l'eau gazeuse.

Si quelques taches font de la résistance, frottez-les avec une pâte de bicarbonate et d'eau. Rincez soigneusement avec du vinaigre.

Four

La cuisson au four est une expérience douloureuse pour les aliments, le four et la responsable de l'opération culinaire. D'ailleurs Lévi-Strauss a bien dit « le bouilli c'est la vie, le rôti, c'est la mort ! » On est bien d'accord ! Surtout parce que le four est dans un état proche de Tchernobyl ! Les produits de nettoyage pour four contiennent de la soude caustique, du carbonate ou hydroxyde de sodium ou de potassium toxique pour la faune aquatique. Pour décoller sans eux et sans douleur le jus qui a giclé sur les parois, le secret, c'est timing et le savon noir. Julie recommande d'appliquer du savon noir sur les parties encrassées lorsque le four est encore tiède. Laissez agir pendant une nuit et le lendemain – pas forcément à l'heure où blanchit la campagne, faites plutôt la grasse matinée ! – vous n'aurez plus qu'à passer un coup d'éponge pour retirer le savon et les projections avant de rincer en chantant gaiement. Pour éviter que la graisse ne forme une pellicule sur les parois du four la prochaine fois, essuyez-les avec une éponge imbibée de vinaigre.

Si le four n'est pas très encrassé, mettez du savon noir sur une éponge et frottez. Rincez à l'eau chaude.

Ou

Vous pouvez aussi utiliser un vaporisateur. Diluez une cuiller à café de savon noir dans de l'eau chaude. Mélangez, vaporisez, frottez et rincez. Et n'oubliez pas d'essuyer les parois avec une éponge imbibée de vinaigre pour empêcher la graisse de former une pellicule.

Grill

Pour dégraisser le gril après le passage du bacon de Raymond, plongez la grille du gril dans un bain d'eau très chaude additionnée de vinaigre, mettez un peu de savon noir sur la brosse à vaisselle, frottez et rincez à l'eau chaude.

Lèchefrite

La lèchefrite, elle non plus, n'a vraiment pas bonne mine. Remplissez-la d'eau très chaude avec un trait de vinaigre et frottez avec la brosse à vaisselle décorée d'un peu de savon noir mou ou liquide. Frottez, rincez et essuyez la lèchefrite avec une éponge imbibée de vinaigre pour empêcher la graisse de former une pellicule.

Plaque de cuisson

Un peu de savon noir mou légèrement dilué ou quelques pressions de votre vaporisateur sur une éponge douce rendront sa propreté perdue à votre plaque de cuisson sans la rayer. Recouvrez les taches de graisse tenaces avec un peu de savon noir. Laissez agir avant de gratter avec un grattoir spécial vitrocéramique. Rincez soigneusement à l'eau vinaigrée et essuyez avec un chiffon microfibre.

Hotte aspirante

Ces installations n'aspirent pas toujours les odeurs culinaires mais elles attirent comme un aimant les graisses, poussières et autres horreurs qui traînent dans le coin. Pour les éliminer sans difficulté, mettez du savon noir sur une éponge et frottez en faisant de petits cercles. Rincez et séchez soigneusement avec un petit chiffon microfibre. Ne rêvez pas, après ce soin de beauté votre hotte ne sera pas plus performante, mais elle brillera de mille feux.

Filtres de la hotte aspirante

Pour optimiser les performances de votre hotte ou pour mettre toutes les chances de votre côté, frottez les filtres avec une brosse à vaisselle et du savon noir et passez-les régulièrement au lave-vaisselle. Au moins vous aurez fait de votre mieux. On ne peut pas en dire autant de la hotte !

Crédence

La crédence, c'est la bête de la mode de la cuisine ! Et la plus *furiously fashion* du moment, c'est la crédence en verre. Mais qu'elle soit en verre – dépoli ou pas –, en inox, en pierre, en carrelage ou en stratifié, pour effacer sans souffrir les taches de graisse, les éclaboussures d'eau ou les projections d'autres reliefs des catastrophes culinaires passées, présentes et futures, vous pourrez la toiletter au savon mou ou liquide sur une éponge douce. Rincez une éponge imbibée de vinaigre et essuyez avec un chiffon microfibre.

> ⚠ Si votre friture prend feu, n'utilisez jamais d'eau. par contre vous pouvez utiliser du savon noir ou du bicarbonate pour éteindre l'incendie.
>
> Et après, il ne vous restera plus qu'à tout nettoyer à l'eau chaude et au savon noir.

La vaisselle

Pour faire la vaisselle, vous pouvez utiliser la méthode basique des scouts : un peu de savon noir sur une éponge ou une brosse à vaisselle, on frotte et on rince.

Ou vous pouvez fabriquer votre propre produit vaisselle écologique

Vous prenez une bouteille de liquide vaisselle vide.

> ⚠ N'utilisez pas une bouteille d'eau minérale vide pour éviter tous risques d'ingestion.

Vous y versez un demi-verre de savon noir liquide, une cuiller à soupe de bicarbonate et – en option – quelques gouttes d'une ou plusieurs Huiles Essentielles de votre choix :

Vous pouvez, par exemple, ajouter vingt gouttes d'Huile Essentielle de citron pour un liquide vaisselle au citron.

Ou

Mélanger dix gouttes de citron, six gouttes de bergamote et six gouttes d'orange pour un liquide vaisselle aux agrumes.

Ou

Si vous préférez l'odeur du maquis, ajoutez à votre concoction, vingt gouttes d'Huile Essentielle de lavande, ou de thym ou de romarin.

Ou

Si vous privilégiez les Huiles aux vertus désinfectantes, ajoutez vingt gouttes d'Huile Essentielle de *tea-tree*.

Comme les grands nez de la parfumerie, faites des essais avec quelques gouttes pour voir ce que donnent d'autres mélanges. Mais contrôlez-vous, ne vous laissez pas aller aux débordements du malheureux Jean-Baptiste Grenouille, triste héros du *Parfum*.

Une fois votre produit vaisselle personnalisé au point, notez la formule pour ne pas l'oublier. Cryptez-la pour la sauvegarder pour éviter qu'elle ne tombe entre de mauvaises mains. On n'est jamais trop prudent ! Mettez une GRANDE étiquette sur le flacon indiquant l'usage auquel vous destinez ce produit. Cela évitera à Anne de le boire par inadvertance.

Au moment de vous en servir, assurez-vous que la bouteille est bien bouchée avant de la secouer énergiquement, façon Tom Cruise dans *Cocktail.* Puis, selon l'état des plats, ajoutez une ou deux cuillers à soupe du précieux mélange à l'eau de vaisselle. Ajoutez une cuiller à soupe de vinaigre à l'eau de vaisselle pour une brillance extrême de vos verres et de vos assiettes. Maintenant que tout est prêt, appelez Raymond pour qu'il se charge de la suite de la mission.

AVERTISSEMENT 1 : Secouez la bouteille avant chaque utilisation. Ce petit exercice un peu pénible fera de vous la meilleure *shakeuse* de cocktails sous le soleil.

AVERTISSEMENT 2 : Si, par inadvertance quelqu'un buvait une gorgée de ce liquide vaisselle – ou un autre acheté tout prêt – les conseils du centre antipoison sont les suivants :

NE BUVEZ PAS PENDANT SIX HEURES. SI VOUS BUVEZ, LE LIQUIDE RISQUE DE MOUSSER ET DE REMONTER DANS LES POUMONS.

MANGEZ DU PAIN OU DES FÉCULENTS.

VOUS N'ÊTES PAS EN DANGER. VOUS RISQUEZ SIMPLEMENT D'ÊTRE UN PEU ASSOIFFÉE.

Batterie de cuisine en acier

Faites rutiler vos ustensiles en acier inoxydables en les plongeant dans deux tasses de vinaigre pendant une demi-heure. Lavez-les avec du savon noir dans de l'eau chaude comme d'habitude et rincez-les à l'eau froide.

Vos casseroles, poêles et marmites seront toujours brillantes, comme neuves. Surtout si vous utilisez ce truc de scouts : avant de poser ces ustensiles sur le feu, enduisez **le dessous** des récipients d'une couche de savon noir. Ils seront bien plus faciles à nettoyer[43].

Casseroles et marmites en cuivre et en laiton

Faites tremper vos marmites à confiture en cuivre et tout le reste de la batterie en cuivre et en laiton dans de l'eau chaude agrémentée de trois à quatre cuillers à soupe de savon noir. Laissez le liquide œuvrer pendant cinq ou dix minutes avant de les sortir de leur bain de beauté et de les essuyer.

Si vous utilisez des marmites et des casseroles en cuivre – le top du top – pour faire vos confitures, faites comme les scouts cités dans la rubrique précédente et tartouillez le dessous de vos ustensiles avec du savon noir avant de les poser sur le feu. Ils resteront impeccables.

Pour que les cuivres et les laitons de décoration restent beaux plus longtemps, lustrez-les avec un chiffon doux imbibé d'huile d'olive. Ils noirciront moins rapidement.

Centrifugeuse, mixeur

Remplissez à moitié d'eau la centrifugeuse ou le mixeur, ajoutez une cuiller à café de votre liquide vaisselle au savon noir. Mettez le couvercle et, si besoin, la main de votre choix sur le couvercle pendant que vous lancez la machine de l'autre main. Videz, rincez et crânez en faisant admirer votre technique à Michèle.

Cocottes en fonte émaillée

Un peu de savon noir sur une éponge et le tour est joué. Rincez à l'eau vinaigrée.

43. http://www.le-scoutisme-francais-en-franche-comte.org/31amenag.html

Couverts et récipients en argent

Le nettoyage de l'argenterie n'est plus une corvée avec la recette de Julie : diluez trois ou quatre cuillers à soupe de savon noir dans une bassine d'eau chaude. Mettez vos objets à tremper pendant cinq ou dix minutes. Inutile de rincer, il suffit de laisser égoutter et de sécher. Et là vous constaterez avec satisfaction, que vous n'aurez pas à faire briller votre argenterie qui scintille déjà.

Pour que vos couverts ne noircissent pas trop rapidement, rangez-les avec un morceau de craie.

Pour que les cadres, les plateaux, les théières, et autres objets en argent – autrement dit tout ce qui ne contient pas de nourriture ou qui n'est pas en contact avec la bouche – ternissent moins rapidement une fois nettoyés, frottez-les avec un peu d'huile d'olive.

Couverts et objets en vermeil

Le vermeil, c'est de l'argent recouvert d'or selon un procédé mis au point par les Incas. Les couverts en vermeil, très résistants, ne sont plus fabriqués pour cause de prix. Mais nous savons de source sûre que la Maison Blanche possède un service de table en vermeil, exposé dans sa Salle Vermeil. Donc, au cas où Michelle Obama, pour cause de récession, chercherait une recette écologique, économique et efficace pour leur entretien, nous allons la lui donner : Dear Michelle, dites à votre personnel de mettre de l'eau chaude et un peu de savon noir dans une cuvette et de bien mélanger avant d'y plonger le précieux vermeil pour lui donner son bain. Après, il suffit de le sécher soigneusement avant de le renvoyer dans sa salle d'exposition. Et voilà, Dear Michelle, *that's all* ! C'est pas plus compliqué que ça.

Friteuse

Pour nettoyer votre friteuse, mettez un peu de savon noir sur une éponge. Lavez, puis rincez à l'eau chaude vinaigrée.

Poêle

Si elle n'est pas très sale, votre liquide vaisselle suffira. Sinon, passez un peu de savon noir sur les zones problématiques avant de plonger la poêle dans l'eau de vaisselle. Et faites comme les scouts, avant de l'utiliser la prochaine fois, passez un peu de savon noir sur le dessous de l'ustensile.

Porcelaine, faïence, céramique

Nettoyez la faïence ou la porcelaine avec une brosse douce mouillée d'eau savonneuse. Rincez puis essuyez avec un chiffon en fil blanc.

Votre service en porcelaine de Limoges est bien terne. Redonnez-lui son éclat en le lavant avec votre liquide vaisselle. N'oubliez pas de mettre une cuiller à soupe de vinaigre dans l'eau de vaisselle. Rincez et essuyez avant de frotter chaque pièce avec un tampon imbibé d'alcool à 90° ou 70°. Laissez évaporer. Et faites briller à l'aide d'un torchon propre.

Cette recette fait aussi des merveilles pour la faïence et la céramique.

Les taches

Pour éliminer les taches sur la porcelaine ou la faïence, préparez une petite solution nettoyante. Remplissez une cuvette d'eau chaude, ajoutez deux cuillers de savon noir liquide et deux cuillers de bicarbonate. Mélangez et trempez-y une éponge avec laquelle vous frottez les taches rebelles. Rincez soigneusement et séchez tout aussi soigneusement.

Taches de thé

Des taches de thé font désordre sur vos tasses en porcelaine. Éradiquez ces marques disgracieuses dans un bain bouillant composé d'une part de vinaigre pour une part d'eau. Puis lavez comme d'habitude avec votre liquide vaisselle au savon noir, dilué dans de l'eau bien chaude additionnée de vinaigre.

Thermos

Un thermos qui n'a pas servi depuis quelque temps ne dégage pas une odeur engageante. Avant de l'utiliser pour siroter votre *tchai* dans le train, faites-lui subir une petite séance de désodorisation. La veille, récupérez un vieux journal, déchirez les pages qui vous ont le plus énervée – ça vous fera une catharsis salutaire par la même occasion – en tout-petits bouts. Mettez-les dans le thermos et recouvrez-les d'eau chaude. Vissez le bouchon, laissez agir pendant la nuit. Le lendemain, après un sommeil réparateur, videz le thermos et lavez-le avec de l'eau chaude et votre liquide vaisselle. Rincez et constatez que non seulement les odeurs ont disparu mais, qu'en plus, l'intérieur est étincelant, prêt à accueillir le meilleur des breuvages.

Verres

Le lavage à la main est plus sûr pour préserver l'éclat de vos verres. Avant de laver vos Harcourt préférés en cristal de Baccarat ou pas, pensez à installer une protection en recouvrant le fond et les bords du bac vaisselle avec un grand torchon qui amortira les chocs.

Ne lavez qu'un seul article à la fois : immergez les verres, les carafes ou les vases, un à un, pour ne pas les heurter les uns contre les autres.

Les verres haut de gamme, soufflés bouche et faits main sont beaucoup plus sensibles aux rayures. Lavez-les à l'eau tiède, avec un peu de votre liquide vaisselle au savon noir, une cuiller à soupe de vinaigre et une éponge douce. Les *grattounettes* sont parfaites pour les fonds de cocottes en fonte, pas pour les verres.

Le cristal est un grand sensible qui a horreur des chocs, y compris les chocs thermiques. Assurez-vous que l'eau de rinçage de vos verres en cristal est à la même température que leur eau de lavage.

Laissez égoutter les verres, puis séchez-les en douceur, sans serrer, avec des torchons en lin usés – mais propres, évidemment ! – parce qu'ils sont souples et qu'ils essuient comme des pros sans laisser de marques.

Les spécialistes des palaces de Cannes vous diront qu'il faut utiliser deux torchons – un dans chaque main – la main de votre choix essuie l'extérieur du calice et l'autre, l'intérieur. Ce système d'essuyage bi-torchons – testé, éprouvé et enseigné dans les meilleures écoles londoniennes pour maître d'hôtel – évite le contact de la main sur le verre qui, n'importe quel enquêteur vous le dira, laisse des traces au mieux indésirables et au pire, incriminantes.

Ne tenez jamais le verre par le pied. Vous n'êtes pas en train de boire un grand cru, vous essuyez ! Si vous tenez le pied et que vous le tournez pour l'essuyer, vous risquez de créer une torsion un peu trop forte à la jonction de la jambe et du calice – la partie la plus faible – et de disloquer le verre ou lui casser la jambe. Pour éviter ce massacre, tenez le verre par la base du calice. Introduisez un coin du torchon avec l'index et le majeur, jamais le pouce. Essuyez en pressant délicatement ces deux doigts contre la paroi tout en faisant pivoter le verre par quarts de tour successifs. Cette technique hyperpointue du pinçage de la paraison entre la paume d'une main à l'extérieur et le deuxième et le troisième doigt de l'autre main évite les accidents tout en permettant d'essuyer parfaitement, sans forcer sur le verre. Entraînez-vous sur de vieux verres pour commencer ou sur ceux du voisin.

Changez souvent de torchons, parce que les petits torchons mouillés, seuls ou à deux, n'essuient plus rien et laissent des traces fort disgracieuses sur le verre.

Les gants en caoutchouc

Enfilez vos gants, prenez un peu de savon noir et frottez vos mains gantées l'une contre l'autre. Rincez-les et essuyez-les avant de les retirer. Et pour un confort extrême, talquez-les avant de les enfiler.

Les jouets

Nanie vous dira que pour laver et désinfecter les jouets de Zelda, il suffit de les tremper dans un mélange d'eau chaude et de savon noir agrémenté d'une tasse de vinaigre.

Les objets de décoration

Dans *L'art du peintre, doreur et vernisseur, ouvrage utile aux propriétaires et locataires qui veulent décorer eux-mêmes leur séjour ainsi qu'à ceux qui se destinent à la profession de peintre, doreur et vernisseur*, de 1772, Watin[44] explique comment nettoyer un tableau : « Si le tableau est ancien, il faut le nettoyer légèrement avec une brosse un peu rude, qu'on trempe dans une lessive tiède composée d'une pinte d'eau de rivière et une once de savon noir. »

Albâtre

La statue de Bouddha sur un éléphant en albâtre birman offerte par tante Honorine a triste mine. Refaites donc une beauté à ce pauvre Siddhartha en le toilettant soigneusement avec une éponge trempée dans un mélange d'eau et de savon noir que vous saupoudrez de bicarbonate.

Ivoire

Lavez votre bracelet en ivoire – mais surtout pas les touches du piano – dans un bain d'eau additionnée de savon noir et de quelques gouttes d'alcool à 90°.

Nacre

La nacre, c'est hyperbranché. Elle est partout, sur les miroirs, les lampes, les lampadaires, les commodes, les buffets et même les murs et les sols des *penthouses* des *people* pour des effets grandioses, après un traitement à la résine pour la protéger.

Une fois qu'elle est posée, le coût de l'entretien est vraiment modique : pour nettoyer cette pierre semi-précieuse, il suffit d'un peu de savon noir dilué dans de l'eau. Après, vous pouvez la faire briller avec un petit chiffon de flanelle, même usé, imbibé d'une toute petite goutte d'huile d'olive.

44. Watin : *L'art du peintre, doreur et vernisseur, ouvrage utile aux propriétaires et locataires qui veulent décorer eux-mêmes leur séjour ainsi qu'à ceux qui se destinent à la profession de peintre, doreur et vernisseur*, Paris, Belin-Leprieur, 1772.

Les bougies

Pour raviver les belles bougies de couleur de Giovanna il suffit de tremper un bas – filé, pas un bas neuf – dans le mélange eau-savon noir et de l'essorer avant de frotter délicatement les bougies qui retrouveront avec grand plaisir leur éclat temporairement égaré.

De l'art de faire scintiller la salle de bain

Oubliez « les salles d'eau » vieillottes. La salle de bain est le nouveau boudoir. La preuve ? Même Chantal Thomas s'est mise de la partie pour confirmer cette transition. Avec les bains bouillonnants dans les salles de bain *open plan*, ces pièces sont devenues de vrais lieux de vie. Si vous comptez recevoir dans votre boudoir ou prendre un bain aux chandelles dans les bras de Raymond, il vaut mieux que les thermes ne soient pas ternes mais avec des sanitaires scintillants et des joints irréprochables. Les nettoyants pour salles de bains classiques sont à base de tensioactifs, d'acides chlorhydrique, sulfurique, phosphorique et d'additifs comme les épaississants, les parfums et les colorants. Nous, on préfère utiliser les produits dont on se sert pour nettoyer la cuisine et ce d'autant plus volontiers que le savon noir remplace sans rougir, les tensioactifs puissants dérivés du pétrole.

Baignoire, carré de douche et lavabo en acier inoxydable

Faites-leur une beauté avec une éponge imbibée d'eau savonneuse. Rincez puis essuyez au plus vite avec un chiffon microfibre afin d'éviter les traces d'eau. Si elles persistent, versez quelques gouttes de vinaigre blanc sur l'éponge et dites adieu marques disgracieuses.

Si après ce soin, le lavabo ou la baignoire ont le teint un tantinet terne, effacez cette grise mine avec un chiffon doux imprégné d'alcool à 90° ou de ménage.

Taches de calcaire

Frottez délicatement le lavabo ou la baignoire avec un linge humecté d'une pâte composée de sel marin mélangé à du vinaigre chaud. Rincez, passez une éponge avec un peu de savon noir, rincez à nouveau, séchez et contemplez le résultat avec fierté.

Baignoire, carré de douche et plan de toilette en carrelage

Qu'il soit au sol, sur les murs ou le plan de toilette, on le lave au savon noir, au quotidien, après le bain ou la douche.

Pour nettoyer à fond, vous pouvez préparer une petite crème à récurer avec une cuiller de savon noir liquide et un tiers de bicarbonate.

Baignoire, carré de douche, lavabo en acrylique

Lavez-les avec une éponge trempée dans du vinaigre puis du savon noir avec ou sans bicarbonate.

Si vous en avez fabriqué, utilisez la pierre blanche qui est très performante pour donner un coup de propre à ces sanitaires.

Baignoire, carré de douche, lavabo en faïence, porcelaine ou grès porcelaine

Le *Larousse ménager* de 1926 indique : « Entretien des lavabos en faïence, porcelaine ou grès porcelaine : laver au savon noir [...] et rincer à l'eau claire ». Donc, si ça marche pour les lavabos, il n'y a pas de raison que ça ne marche pas pour votre baignoire ou votre carré de douche.

Baignoire, carré de douche, lavabo, plan de toilette en pierre

Nettoyez les sanitaires en pierre avec un peu de savon noir sur une éponge humide. Ils retrouveront leur bonne mine.

S'ils sont très encrassés, lavez-les au savon noir, rincez. Puis versez une cuiller à soupe bicarbonate dans une bouteille d'eau gazeuse. Mélangez et versez sur la cible, laissez agir 10 minutes puis rincez à l'eau chaude.

Joints

Pas ceux que l'on ne doit pas fumer, non ! Il s'agit de joints parfaitement légaux, mais pas toujours irréprochables, en silicone, posés autour des baignoires, des carrés de douche, des lavabos et des éviers. On n'imagine pas *Pretty woman* dans une baignoire aux joints noirs. Alors, surveillez-les. Ils ne doivent pas devenir noirs ! Ces affreuses taches sont l'œuvre sournoise de la moisissure noire qui, non contente d'attaquer les joints en diminuant leur étanchéité – ce qui risque de causer des dégâts importants dus aux infiltrations – nuit aussi à votre santé. Elle émet des spores et des substances chimiques qui, au mieux, peuvent avoir des effets négligeables sur la santé ou, au pire, causer des allergies et des maladies – grosse fatigue, dépression et peut-être cancer. Tout dépend de la durée et du degré de l'exposition, ainsi que de l'état de santé général des personnes.

Pour vous en débarrasser, commencez par passer une vieille brosse à dents trempée dans du vinaigre blanc sur les joints en silicone. Rincez et versez un peu de savon noir liquide sur une éponge, frottez et rincez à nouveau. Si ça marche, pas de problème, si non, il ne vous reste plus qu'à changer le joint.

Dans ce cas, détachez-le avec une lame de rasoir ou un cutter mis à plat. Posez un joint neuf, contenant si possible du fongicide, avec un pistolet à silicone. Et pour éviter que la moisissure ne revienne, aérez la salle de bain et la cuisine plusieurs fois par jour et essuyez les sanitaires ou l'évier après usage.

Rideau de douche

Enduisez-le de savon noir et mettez-le au lave-linge en prenant soin d'ajouter du vinaigre dans le compartiment lavage et le compartiment rinçage pour le désinfecter, éviter les moisissures, diminuer l'adhérence de la poussière et éliminer l'électricité statique qui attire la dite poussière. Cette opération sanitaire en fera un rideau complètement régénéré.

Porte de douche en verre

Les fabricants de portes en verre – de douche ou d'ailleurs – recommandent le savon noir pour les nettoyer facilement.

Pour effacer les taches tenaces, comme les traces de doigts des petits monstres ou celle du nez du chien, leurs recommandations ne sont pas compliquées : « Appliquez le savon noir sur toute la porte, laissez agir pendant toute une nuit et rincez à l'eau chaude[45]. » Après, il ne vous reste plus qu'à rincer avec du vinaigre, puis de l'eau claire et à sécher avec un chiffon microfibre.

45. http://www.glorieux.be/documents/securitdeuren.xml?lang=fr

Montants de porte et de fenêtres en acier, en aluminium ou en PVC

Un petit coup d'éponge à l'eau savonneuse leur fera le plus grand bien.

Et si des taches rebelles refusent de céder, vous les vaincrez vaillamment avec du vinaigre.

Dito pour les taches d'eau.

Rails de porte de douche

S'ils sont vraiment sales, versez du vinaigre chaud sur les rails et frottez avec une vieille brosse à dents. Rincez, enduisez la brosse à dents de savon noir, frottez et rincez. Après ce récurage sans pitié, les rails seront restaurés.

Miroirs

Effacez les traces d'eau, de doigts et votre dernier message écrit au rouge à lèvres pour cause de panne de *post-it,* avec un petit pois de savon noir dans un litre d'eau chaude. Passez l'éponge sur le miroir. Si vous avez une raclette, c'est le moment de vous en servir pour essuyer avant de faire briller avec un chiffon microfibre.

Le secret pour un miroir impeccable, les pros des palaces vous le diront, c'est de ne jamais frotter en faisant des cercles, ni de bas en haut. Frottez toujours de haut en bas et légèrement en biais de droite à gauche. Et, après, pour la touche finale, passez du vinaigre.

Toilettes

Un indicateur souvent fiable de l'hygiène dans un restaurant, Bénédicte vous le dira, c'est l'état des toilettes. D'ailleurs lorsque les services d'hygiène font une descente, ils inspectent la cuisine, les denrées alimentaires, les caves entreposées, la chambre froide et les toilettes. Pour passer le test haut la main, nettoyez la cuvette, le siège et le couvercle à l'eau chaude et au savon noir.

Vous pouvez aussi vous préparer un produit spécial toilette dans un vaporisateur. Dans un bol, versez une demi-cuiller à café de savon noir liquide, deux cuillers à soupe de bicarbonate, deux cuillers à soupe de vinaigre, deux tasses d'eau et deux cuillers à café d'une Huile Essentielle – ou plusieurs – de votre choix pour parfumer. Si vous en mettez plus d'une, divisez la quantité pour avoir deux cuillers à café au final.

Lorsque vous mélangerez le vinaigre et le bicarbonate, le mélange va mousser. Attendez dix minutes avant de verser la mixture dans un vaporisateur pour vaporiser allègrement vos toilettes.

Le savon noir ne représente aucun danger pour les habitants des fosses sceptiques.

Évitez les gels Javel nocifs pour l'environnement et les blocs WC qui peuvent être cancérigènes pour l'homme.

Vous trouverez plus de détails sur les risques qu'ils présentent dans **l'annexe 2.**

Taches de calcaire

S'il y a d'affreuses traces de calcaire jaune qui font de la résistance, le soir au coucher ou avant de partir en week-end, versez du vinaigre sur du papier absorbant que vous posez sur les traces de calcaire. Normalement, ce papier bien mouillé colle sans problème sur la cuvette des toilettes. S'il fait des difficultés pour rester en place, fixez-le avec du ruban adhésif. Laissez-le en place jusqu'au lendemain matin ou votre retour de week-end.

Si les résultats ne sont toujours pas satisfaisants, essayez avec de l'eau chaude, du savon noir et de la poudre de pierre ponce.

De l'art délicat du grand ménage du reste de la maison

Dans des moments de désespoir intense face au grand ménage, alors qu'on est prête à renoncer, on prend exemple sur Bree Van de Kamp, la *Desperate Housewife* extraordinairement efficace qui fait le ménage pour « se désengager émotionnellement de sa vie ». Le problème c'est que nous, on aimerait se désengager émotionnellement du ménage ! Et ça, c'est bien plus difficile, n'en déplaise à Bree.

Les carreaux

Inutile de lire ou de louer *Les Confessions d'un laveur de carreaux*, si vous voulez des trucs pour cette corvée. Tim le héros, ce scélérat, ne dévoile absolument rien, *niet, nada*, sur la technique des pros pour avoir des vitres impeccables en un temps record. Il se contente de dévoiler tous les détails de ses aventures érotiques, bref, rien à voir avec les fausses promesses du titre ! Heureusement que Julie a bien voulu livrer son secret pour « une clarté et une propreté impeccables » :

Diluez une cuiller à café de savon noir dans deux litres d'eau chaude. Puis, pour faire les carreaux comme un spécialiste, commencez par lessiver les encadrements, Passez l'éponge sur les vitres, essuyez à l'aide d'une raclette en faisant des lignes verticales d'un côté puis des lignes horizontales sur l'autre. Ça vous permettra de voir sur quel côté il reste des traces. Inutile de rincer, contentez-vous de polir les vitres avec un chiffon microfibre.

Si votre *pschitt pschitt* vitre vous manque cruellement, versez votre mélange dans un vaporisateur.

S'il reste des traces d'eau, enlevez-les avec du vinaigre. Laissez agir 15 minutes et rincez.

Éliminez les résidus des produits spécial vitres avec un mélange maison. Diluez une tasse de vinaigre dans deux tasses d'eau et ajoutez une cuiller à soupe de savon noir.

Moisissures sur le montant des fenêtres

Ce sont les mêmes horreurs que celles de la salle de bain. Éradiquez-les avec la même recette. Passez une éponge trempée dans du vinaigre blanc sur les montants. Rincez et nettoyez avec du savon noir. Versez un peu de savon noir liquide sur une éponge, frottez et rincez.

Stores vénitiens en métal ou en plastique

Dépoussiérez-les régulièrement avec le séchoir à cheveux réglé sur la température la plus basse.

Si vous ne pouvez pas les enlever, enfilez une paire de vieux gants en coton – si vous n'en avez pas, prenez des vieux gants en laine ou en acrylique – et nettoyez les lames en les pinçant, une à une, avec les doigts.

Vous pouvez aussi, si comme Bénédicte vous avez un grand stock de chaussettes orphelines, en prendre quelques-unes en coton ou en fil d'Écosse pour dépoussiérer les stores. Vous enfilez une chaussette sur chaque main, et comme avec les gants, vous pincez les lamelles.

Une fois la poussière transférée sur les gants ou les chaussettes, vous pouvez procéder au lavage. Mettez une cuiller à café de savon noir dans deux litres d'eau chaude, enfilez des chaussettes propres sur les mains – et continuez à pincer pour laver.

Si les stores sont très encrassés, il faudra peut-être les frotter avec une brosse à dents trempée dans de l'eau savonneuse.

Empoignez le lanceur et faites glisser la chaussette sur toute sa longueur pour éliminer les traces de doigts.

Frottez le cordon avec une brosse à dents trempée dans de l'eau savonneuse.

Les portes

Portes en bois blanc

Lavez les portes et autres boiseries en bois blanc avec une brosse imbibée d'eau tiède et de savon noir. Rincez et séchez rapidement pour que l'eau ne pénètre pas dans le bois.

Portes en bois peint ou vernis

Diluez une cuiller à soupe de savon noir à l'huile d'olive dans un seau d'eau chaude. Plongez-y votre chiffon microfibre, essorez-le passez-le sur la porte et essuyez aussitôt.

Les murs peints

Selon le magazine de menuiserie *American Woodworker*[46] le savon noir est le produit le plus efficace pour nettoyer les murs peints, y compris avec des peintures au latex. Diluez une cuiller à soupe de savon noir à l'huile d'olive dans un seau d'eau chaude. Plongez-y votre éponge préférée, essorez-la et passez-la toujours du bas vers le haut pour éviter les marques de coulures.

46. *American Woodworker* - Oct. 1997 – N° 61.

Les murs en stuc

Le stuc est lavable et très facile à entretenir avec du savon noir naturel. D'ailleurs c'est le seul et unique produit à utiliser pour nettoyer le stuc.

Les murs tapissés

Le papier peint lavable ou lessivable se nettoie avec deux cuillers à soupe de savon noir diluées dans un seau d'eau. Plongez votre plus belle éponge dans cette solution, essorez-la bien et lessivez sans détremper le papier. Essuyez aussitôt avec un chiffon blanc propre et voilà ! Vous lui avez donné une seconde vie.

Taches sur le mur

Enlevez les marques de crayon, de graisse ou de doigts sur les murs avec une larme de savon noir sur une éponge humide. Si elles résistent, saupoudrez du bicarbonate sur le savon.

Nettoyez toujours du bas vers le haut pour éviter les marques de coulure.

Les carreaux de plâtre

Pour nettoyer ces carreaux – utilisés pour des aménagements intérieurs d'une pièce, pour faire d'un bar par exemple – armez-vous d'une éponge imbibée de savon noir liquide.

Taches de graisse sur les carreaux de plâtre

Utilisez le côté abrasif d'une éponge imbibée d'eau et de savon noir liquide.

La cheminée

La suie est une horreur grasse et charbonneuse difficile à supprimer sans laisser de traces.

Les inserts

Pour supprimer la suie qui noircit les inserts et gâche le spectacle du bois qui brûle, faites comme Julie : mettez un peu de savon noir sur du papier journal. Frottez vigoureusement, puis rincez à l'eau chaude.

Pour empêcher votre vitre de se couvrir de suie, ne brûlez que des bûches sèches contenant moins de vingt pour cent d'humidité, n'utilisez que des essences de bois durs en évitant les résineux et bois mous. Au début, ouvrez le registre au maximum pour favoriser la flamme et ne le refermez que lorsque le feu est à son maximum. Et n'utilisez pas votre cheminée comme poubelle pour brûler des déchets de papiers glacés, de plastique, de styromousse ou autres rebuts peu recommandables.

Le manteau

En brique ou en pierre

Commencez les opérations d'éradication de la suie en passant l'aspirateur sur le manteau de la cheminée. Puis diluez deux cuillers à soupe de savon noir mou – ou trois ou quatre cuillers à soupe de savon noir liquide – et deux cuillers à soupe de bicarbonate dans deux litres d'eau. Trempez une brosse à poils durs ou en chiendents dans le mélange et frottez. Rincez à l'eau froide et séchez.

En carrelage

Pas de problème pour enlever la suie sur le carrelage. Le plus difficile, c'est de l'enlever sur le joint.

Sortez votre seau, remplissez-le d'eau chaude, ajoutez deux cuillers à soupe de savon noir mou ou quatre bouchons de savon noir liquide, ajoutez un quart de verre de vinaigre. Mélangez et trempez votre chiffon microfibre dans ce liquide de lavage. Passez-le sur le carrelage. Si les joints sont toujours noirs, la fidèle brosse à dents de ménage va devoir reprendre du service. Trempez-la dans un peu de savon liquide et frottez jusqu'à ce que la disparition de suie s'en suive.

En marbre

Supprimez la suie sur une cheminée en marbre avec de la laine d'acier trempée dans votre mélange eau-savon noir préféré. Rincez et essuyez.

Les radiateurs

Une technique rusée consiste à déloger la poussière avec un sèche-cheveux. Glissez un chiffon humide entre le mur et le radiateur, branchez votre sèche-cheveux, réglez la température au plus bas et, sans trembler, en le regardant droit dans les yeux, visez le radiateur. La poussière se déposera sur le chiffon humide.

Après, il ne vous restera qu'à retirer le chiffon et à laver le radiateur avec de l'eau chaude et du savon noir.

Ventilateur de plafond

Préparez une cuvette d'eau chaude, ajoutez une cuiller à café de savon noir, prenez deux bas usés, avec ou sans couture, trempez-les dans l'eau, enfilez-en un sur chaque main, mettez une main sur une pale et l'autre main sous cette même pale. Rejetez la tête en arrière et, pendant que vous chantez de votre voix la plus sensuelle la chanson de Gilda « *Put the blame on Mame* », frottez allègrement la pale avant de passer à la suivante. Essuyez avec un chiffon microfibre.

Tapis et moquettes

Les premières formes de couvertures de sol tissées existaient déjà au Néolithique vers 7000 avant Jésus-Christ. Mais le plus vieux tapis noué découvert à ce jour a probablement été confectionné en Arménie environ 400 ans avant Jésus-Christ. C'est le fameux tapis de Pazyryk, ou tapis du Gorno-Altaï, conservé au frais dans un bloc de glace au fin fond de la Sibérie. Cette heureuse congélation l'a sauvé d'une destruction certaine et l'a conduit au musée de l'Ermitage de St Petersbourg, avec tous les honneurs dus à son rang de tapis des dieux. Eh oui, parce que le Pazyrik est un tapis rouge et, si l'on en croit ce que dit *Agamemnon*, dans la pièce éponyme d'Eschyle et qui date de la même époque[47], les tapis rouges sont réservés aux dieux. Quand notre Aga rentre à Troie, pendant une réception, sa femme Clytemnestre, veut le faire marcher sur un tapis rouge. Il lui explique qu'il ne peut pas parce que seuls les dieux méritent un tel honneur et qu'il les offenserait en le faisant. Clytemnestre insiste et, comme la chair est faible, notre Aga craque. Cette peste de Clytemnestre a enfin ce qu'elle veut : la preuve de l'orgueil de son mari, qu'elle utilisera comme excuse pour le faire assassiner un peu plus tard.

47. 458 avant Jésus-Christ.

Quant aux autres tapis, ceux qui ne sont pas réservés aux dieux, ils sont tout aussi précieux. Même plus, puisqu'ils sont volants. Dans *Les Mille et Une Nuits,* c'est Aladin le petit veinard qui en utilise un comme moyen de transport. Mais apparemment, il n'était pas le seul : d'après la mythologie perse, Salomon, encore lui, en avait un aussi, cadeau de sa copine la reine de Saba. Malheureusement, ceux-là on ne les a pas retrouvés.

Pour revenir à des considérations plus bassement matérielles sachez qu'un tapis – rouge ou pas – peut contenir jusqu'à 500 grammes de saleté par mètre carré. Ce qui, quand on y pense, est assez monstrueux. Pour retirer le poids de cette malpropreté de votre tapis, passez l'aspirateur. Puis, faites comme Hasida de la coopérative Adjjigue[48] au Maroc, inconditionnelle du savon noir, qui nettoie les tapis de laine avec du savon noir. « Ma grand-mère n'utilisait que le savon noir parce qu'il était moins cher. Mais il faut un savon de bonne qualité fabriqué avec le résidu d'huile d'olive, pas d'autres huiles, comme l'huile de poisson. Maintenant au Maroc personne n'utilise plus le savon noir. »

Si vous voulez prolonger la vie de votre tapis, évitez tous les produits de nettoyage et de détachage pour tapis et moquettes, l'ammoniaque et l'eau de Javel.

Taches sur le tapis de laine, de soie ou la moquette en fibres naturelles

Pour les taches qui viennent d'être faites, intervenez immédiatement, sauf pour les taches de boue qu'il faut laisser sécher :

Retirez le maximum des matières solides avec un couteau.

Épongez les liquides avec du papier absorbant.

Recouvrez les dégâts avec de l'eau gazeuse et épongez.

Diluez une cuiller à café de savon noir et une cuiller à café de vinaigre dans un litre d'eau tiède. Avant de tenter votre opération

48. Ajddigue veut dire « Fleur» en Amazigh.

de nettoyage, faites un test préalable pour vous assurer que votre tapis supportera l'eau savonneuse. Prenez un coton-tige, trempez-le dans le mélange et passez-le sur un coin du tapis, de préférence le moins en vue. Si de la couleur se retrouve sur le coton-tige ou si les couleurs du tapis bavent, vous ne pourrez pas laver les dégâts. Il faudra nettoyer le tapis à sec.

Si la couleur ne bouge pas, criez alléluia, trempez un chiffon blanc propre dans l'eau savonneuse et passez-le délicatement sur la tache.

Partez toujours du bord de la tache vers le centre, sans appuyer, pour ne pas la faire pénétrer et pour l'empêcher de s'étendre.

Tamponnez sans frotter en changeant régulièrement de direction. Faites comme Olivier, donnez dix petits coups dans un sens, puis dix dans un autre.

Laissez agir au moins cinq minutes puis rincez en passant un chiffon mouillé d'eau tiède et tamponnez avec un linge sec. Épongez l'excédent d'eau avec d'autres chiffons ou du papier absorbant. Puis séchez au maximum et le plus vite possible avec un sèche-cheveux pour que l'envers du tapis ou de la moquette ne soit pas pénétré.

L'humidité est l'ennemie jurée des tapis avec les *stilettoes*, les brûlures de cigarette, les mites et les accidents des animaux domestiques.

Betterave, bière, eau de javel, excréments, glace, œuf, moutarde, urine, vin blanc et vomissures

Procédez comme indiqué ci-dessus dans la rubrique « Taches sur le tapis de laine, de soie ou la moquette en fibres naturelles ».

Beurre, crayons à cire, crème, cirage, encaustique pour les meubles, goudron, huile, marqueurs de couleur, matières grasses, polish pour métal, rouge à lèvres, sauces à salade, vinaigrette.

Suivez les indications de la rubrique « Taches sur le tapis de laine, de soie ou la moquette en fibres naturelles ».

Si des taches subsistent, essayez l'eau oxygénée à 20 volumes. Diluez un volume d'eau oxygénée dans dix volumes d'eau, faites un test préalable avec un coton-tige. Si tout se passe bien, trempez un chiffon blanc propre dans le mélange et faites comme d'habitude.

Boisson sucrée ou soda, encre de stylo-plume, jus de fruit, lait, sauce, vin rouge

Dès que l'accident se produit, réagissez plus vite que votre ombre en saupoudrant la tache de terre de Sommières. Si vous n'en avez pas, de la farine, Maïzena, argile ou talc feront l'affaire.

Lorsque l'absorbant aura fait son œuvre et qu'il sera bien sec, brossez délicatement le tapis ou la moquette. Passez l'aspirateur puis tamponnez avec le chiffon blanc propre prescrit imbibé d'un peu d'eau savonneuse vinaigrée en suivant la procédure habituelle préconisée dans la rubrique « Taches sur le tapis de laine, de soie ou la moquette en fibres naturelles ».

Si la tache est ancienne, tamponnez avec un linge imbibé d'alcool à 90°, après avoir fait le test préalable pour vous assurer que votre kilim préféré supporte l'alcool ! Si c'est le cas, n'oubliez pas de rincer la tache une fois que vous l'aurez nettoyée.

Boue

Laissez sécher la boue puis brossez délicatement le tapis. Passez l'aspirateur et nettoyez les traces avec de l'eau savonneuse vinaigrée, selon la méthode prescrite dans la rubrique « Taches sur le tapis de laine, de soie ou la moquette en fibres naturelles ».

Café, thé

Si vous intervenez rapidement, ces taches se laissent effacer sans broncher. Épongez le maximum de liquide, tamponnez la tache avec de l'eau gazeuse et épongez à nouveau. Puis diluez une cuiller à café de savon noir dans un litre d'eau. Testez avec un coton-tige avant d'attaquer la tache. Si la couleur ne bouge pas, trempez votre petit chiffon blanc dans l'eau et passez-le sur le café ou le thé qui reste. Puis rincez à l'eau vinaigrée – une cuiller à café dans un litre d'eau.

Pour les taches plus anciennes, essayez un peu de glycérine tiède ajoutée à de l'eau savonneuse. Un volume de glycérine dans six volumes d'eau savonneuse vinaigrée sur un chiffon propre. Rincez à l'eau savonneuse, puis à l'eau claire. Épongez et séchez au sèche-cheveux.

Chocolat

Si l'eau froide ne suffit pas, suivez la méthode habituelle prescrite dans la rubrique « Taches sur le tapis de laine, de soie ou la moquette en fibres naturelles ».

En cas de traces résiduelles, essayez un mélange moitié eau moitié vinaigre après un test préalable au coton-tige.

Moisissures

Commencez par passer l'aspirateur pour retirer le maximum de ces répugnants envahisseurs. Puis procédez comme d'habitude en suivant les indications de la rubrique « Taches sur le tapis de laine, de soie ou la moquette en fibres naturelles ».

Et si possible, complétez le traitement en mettant le tapis à sécher au soleil.

Stylo-bille, feutre

Tamponnez la tache avec un chiffon trempé dans l'alcool pur et laissez sécher. Puis traitez la tache à l'eau savonneuse – une cuiller à café de savon noir dans un litre d'eau et rincez à l'eau claire.

Tapis et moquettes en fibres synthétiques

Avant d'essayer de traiter les taches, contactez-le fabriquant ou regardez l'étiquette au dos du tapis. Sinon, retirez les matières solides avec un couteau ou épongez le liquide. Puis rincez à l'eau gazeuse.

Bière, boissons sucrées, café, chocolat, cirage, confiture, glace, jus de fruit, lait, moutarde, œuf, sang, sauce, thé

Pour ces taches, retirez ce que vous pouvez puis passez un peu d'eau gazeuse sur ce qui reste. Diluez une cuiller à café de savon noir dans un litre d'eau. Prenez un chiffon propre et tamponnez la tache. Rincez à l'eau. Épongez et séchez.

Tapis en jonc de mer

Contrairement à son cousin le sisal, presque impossible à détacher, qui rétrécit et gondole au contact de l'eau, le jonc de mer adore l'eau et en a besoin pour retrouver son éclat.

Taches sur le tapis de jonc de mer

• Boue

Laissez sécher, brossez, puis aspirez.

Pour les taches tenaces, diluez une cuiller à café de savon noir avec du jus de citron ou bien deux cuillers à soupe de vinaigre dans un litre d'eau tiède. Trempez un chiffon dans le mélange et imbibez les taches. Rincez à l'eau claire.

• Maquillage

Préparez un litre d'eau dans laquelle vous diluez une cuiller à café de savon noir et une cuiller à soupe de vinaigre. Imbibez la tache puis rincez la zone traitée à l'eau claire.

• Œuf

Grattez l'excédent de la tache d'œuf à l'aide d'une cuiller puis, tamponnez le jonc de mer taché avec un chiffon imbibé du mélange savonneux – une cuiller à café de savon noir dans un litre d'eau. Et rincez.

• Peinture au latex

Il est essentiel d'intervenir rapidement pour éviter que la peinture ne sèche. Éliminez la tache avec le mélange savonneux de compétition - deux cuillers à soupe de savon dans cinq litres d'eau. Séchez. Grattez et brossez.

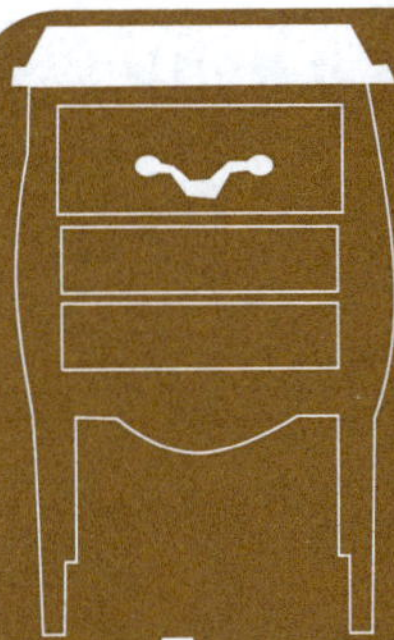

Les meubles

La très sérieuse *Encyclopédie des faits étonnants et des informations utiles* révèle que le savon noir permet de laver un lit en bois et de le traiter contre les punaises de lit[49]. Pour exterminer ces petites bêtes, il faut préparer un mélange de savon noir et de tabac à priser écossais pour remplir toutes les fissures et les trous dans le mur. Puis il faut démonter le lit et lui faire subir le même traitement.

La non moins sérieuse *Encyclopédie ménagère* du Club de la Femme[50] indique qu'« on peut laver les meubles avec un linge doux et une solution de deux cuillerées à café de savon vert [savon mou à l'huile d'olive] dissous dans de l'eau chaude. Frottez avec de l'étamine jusqu'à apparition de la mousse ; essuyez avec de l'eau tiède, séchez au moyen d'un linge doux et frottez en suivant le grain. »

Pour des raisons inconnues, en Allemagne, le savon noir à l'huile d'olive porte le nom de savon vert. C'est le même produit qui change de couleur lorsqu'il passe la frontière.

---

49. Barkham Burroughs : *Encylopedia of Astounding facts and Useful Information*, 1889.
50. Nora et Simon Mager : *Encyclopédie ménagère*, Bibliothèque pratique du Club de la Femme, Éditions Gérard & Co, Belgique, 1955.

Bois blanc ou brut

Pour faire une beauté aux meubles en bois blanc ou bois brut, on suit les conseils de *l'Encyclopédie* ci-dessus.

Taches grasses

Évitez de détremper le bois. Frottez la tache avec du savon noir ramolli avec un tout petit peu d'eau. Laissez sécher quelques heures. Enlevez le savon et lavez le bois à l'eau bouillante légèrement vinaigrée. Rincez à l'eau très chaude. Séchez rapidement au sèche-cheveux électrique réglé au plus bas pour éviter que l'eau ne pénètre dans le bois.

Bois verni

Pour l'entretien de la petite commode de la bande de Louis que vous venez d'acheter, Jacob vous dira qu'un chiffon microfibre humide suffit en principe à nettoyer le bois verni qu'il soit en merisier ou en acajou ou tout autre bois. Mais pour les taches, il faut parfois un peu d'eau savonneuse.

Taches de chocolat, taches grasses

Appliquez sur la tache avec un chiffon doux, une larme de savon noir à l'huile d'olive, puis polissez avec un chiffon microfibre ou une peau de chamois.

Meubles en fer forgé

Grignette nettoie les créations de Félix en fer forgé avec deux cuillers à soupe de savon noir dilué dans un seau d'eau. Elle les rince et les essuie aussitôt.

Meubles en formica ou mélaminé

Pour laver le formica, préparez votre mélange d'eau chaude additionnée de savon noir. Rincez et essuyez. Et pour qu'il brille de mille feux, frottez-le avec un vieux chiffon trempé dans trois cuillers à soupe d'alcool à 70° ou d'alcool de ménage dilué dans un litre d'eau. Frottez tout y compris les pieds chromés et essuyez avec un chiffon microfibre.

Meubles en plastique

Nettoyez les meubles en plastique et diminuez l'électricité statique qui attire la poussière avec de l'eau chaude additionnée d'une cuiller à soupe de savon noir et d'une tasse de vinaigre.

Meubles en verre ou en plexiglas®

Astiquez votre table sans effort avec une cuiller à café de savon noir diluée dans deux litres d'eau chaude. Trempez un chiffon microfibre dans ce mélange, essorez-le et passez-le sur la table. Faites briller avec un chiffon microfibre propre.

Canapé et fauteuils en cuir

Le savon noir à l'huile d'olive nettoie, entretient et nourrit les cuirs. Et pas seulement les canapés ! Avant d'utiliser du savon noir sur un cuir quel qu'il soit, faites un test sur une petite surface invisible comme par exemple la face inférieure ou arrière du canapé ou du fauteuil. Si la couleur ne bouge pas, vous pouvez faire un soin intégral à vos fauteuils club ou à votre Chesterfield adoré.

Mettez une noisette de savon noir mou sur un chiffon doux, frottez et rincez à l'eau tiède. Séchez avec un chiffon doux et admirez vos cuirs patinés, brillants et souples.

Ou

Versez deux gouttes de savon noir liquide à l'huile d'olive dans un litre d'eau chaude. Trempez un chiffon microfibre dans le mélange, essorez et toilettez vos cuirs. Essuyez et faites briller.

Taches d'eau

Diluez un peu de savon noir dans de l'eau froide. Trempez-y un chiffon, essorez-le avec la plus grande vigueur avant de le passer sur les taches. Rincez avec un chiffon humide. Séchez et cirez avec un cirage incolore. Lustrez longuement.

Taches de peinture à l'eau

Retirez les taches de peinture à l'eau avec un linge imbibé d'eau savonneuse. Rincez et essuyez avec un chiffon doux. Lustrez soigneusement.

Canapé et fauteuils en velours

Ajoutez une cuiller à café de savon noir dans un litre d'eau froide, trempez une peau de chamois propre dans le mélange, essorez-la au maximum avant de la passer sur le velours qui ne supporte pas le lavage à grande eau. Nettoyez la tache du bord du canapé vers l'intérieur. Allez toujours à contresens des fibres pour favoriser une meilleure pénétration du produit dans le tissu.

Si après un premier passage, la tache est toujours là, recommencez l'opération.

Pour rincer, versez une cuiller à soupe de vinaigre dans un litre d'eau. Plongez-y une peau de chamois, essorez-la, passez-la sur le velours avant de le sécher avec un chiffon propre.

La lessive

Après la surenchère publicitaire des lessiviers dénoncée par Coluche dans son sketch *La Publicité* avec Omo qui lave plus blanc que blanc, il y a eu le coup de génie des chimpanzés aux *crapotos* en poldo-moldave. Selon l'analyse de Jean-Michel Adam et Marc Bonhomme, « cette dislocation cognitive neutralise le jugement du lecteur au profit d'une adhésion ludique immédiate[51] ». Aujourd'hui, la nouvelle trouvaille, est de vanter leurs lessives sans phosphates alors qu'ils sont interdits dans les lessives pour le textile depuis 2007 pour cause de pollution grave.

Ceci dit, même sans phosphates, les conclusions des tests – réalisés pendant deux ans par l'Institut National de la Consommation (INC) et plusieurs agences de l'eau – publiées par le magazine *60 millions de consommateurs*[52] sont sans appel : « Toutes les lessives sont toxiques pour l'environnement, y compris celles qui se présentent comme « vertes». » Qu'elles soient liquides, en poudre ou en tablettes, elles ont toutes un effet destructeur ou perturbateur sur la nature quand elles sortent des stations d'épuration et se jettent dans les rivières et la mer. Et le résultat sur

51. Jean-Michel Adam et Marc Bonhomme : *L'argumentation publicitaire, Rhétorique de l'éloge et de la persuasion*, Armand Colin, 2007.
52. 60 millions de consommateurs, novembre 2006.

l'environnement n'est pas vraiment folichon. Selon Gaëlle Boutier-Guérive chargée de mission au WWF « Les résidus toxiques des détergents restent dans le cycle de l'eau. Ils sont donc retrouvés dans l'eau de pluie comme dans la mer. Les poissons et les cétacés, notamment, sont touchés dans leur chair par ces produits qui perturbent leur développement et leur reproduction. Conséquence : depuis 1970, 50 % des populations des espèces d'eau douce ont disparu[53] ». Pour plus de détails sur les effets indésirables des lessives, voyez **l'annexe 2.**

Bref, maintenant que vous ne savez plus à quel baril vous vouer pour laver sans polluer et sans vous ruiner la santé… on va vous aider.

Remplacez votre lessive par du savon noir

Les *bioaddictes* l'ont déjà adopté. Les autres, hésitent encore. C'est vrai qu'il ne mousse pas comme une lessive. Sébastien Bidault, fabricant du savon noir à l'huile de lin Scientia Natura, explique que « le savon naturel mousse moins qu'un savon synthétique. Pour la majorité des gens, la mousse est un facteur d'efficacité – de nombreuses études faites sur le sujet le confirment – alors qu'en réalité, ça n'a rien à voir ! » C'est un peu comme ce que Raymond appelle le « facteur Harley » : les *riders* de mobs débrident sauvagement leurs engins en s'imaginant que plus elles font de bruit, plus elles sont puissantes. Et bien, c'est pareil avec la mousse. La quantité produite n'est pas un indicateur de performance de lavage. Donc, sauf si le côté visuel de votre lessive est très important et que vous vous adonnez régulièrement à la contemplation du spectacle de la mousse sur le hublot de votre lave-linge, le savon noir peut parfaitement remplacer votre lessive habituelle et votre détachant avant-lavage pour vaincre les taches difficiles.

53. Gaëlle Bouttier-Guérive et Thierry Thouvenot, Michel Azous (Photographies) : *Planète attitude*, Le Seuil, 2004.

Supprimez les adoucissants

UFC Que choisir[54] rappelle que les substances allergisantes ne sont que des parfums inutiles, présents en grande quantité notamment dans les assouplissants qui sont ainsi grandement déconseillés pour le linge des nourrissons, des enfants et des personnes aux peaux sensibles. La plupart des assouplissants comprennent des doses d'allergènes allant jusqu'à 1 000 mg/kilo de lessive ! Pour plus de détails sur les effets indésirables des assouplissants, voyez **l'annexe 2.**

Remplacez l'adoucissant par deux tasses de vinaigre ajoutées au cycle de rinçage :

Les vêtements seront mieux rincés. Le vinaigre est trop doux pour détériorer les tissus mais assez costaud pour dissoudre l'alcali des savons et des détergents,

Les chaussettes de votre bien-aimé seront désodorisées.

Le vinaigre est antistatique et antibouloches. Exactement ce qu'il faut pour les pantalons en velours de Barnabé et Stéphane.

Les draps de bain de Giovanna retrouveront toute leur douceur et leur souplesse.

Les *recessionistas* l'adopteront pour utiliser moins de lessive.

Et votre lave-linge va l'adorer parce que grâce à lui, il ne sera plus encrassé par le calcaire.

Lavage à la main

Un motif textile traditionnel de Palestine du Sud appelé *sabon* – savon – est une variation sur le thème d'un autre motif traditionnel

54. « Les fabricants parfument leurs lessives avec des substances allergisantes mais n'aiment pas qu'on en parle » *UFC-Que Choisir*, 30 janvier 2007.

« tentes du Pacha[55] ». Une indication de l'importance du processus du lavage au savon des étoffes dans cette région, et ce d'autant plus, que c'est un concept tout à fait inhabituel pour un motif textile.

Les poètes arabes du Moyen Âge[56] ont chanté le savon noir qui ressemblait comme un jumeau au savon des Gaulois. Fabriqué avec du suif et de la potasse ou, lorsque la potasse était rare, de la cendre d'une certaine racine végétale[57]. Ibn Khaldun, le grand historien arabe du XIVe siècle, compare les mathématiques au savon. Selon lui, les maths font pour l'esprit ce que le savon fait pour les vêtements – laver la saleté et nettoyer les taches et les marques !

Hasida recommande le savon noir à l'huile d'olive pour laver les vêtements fragiles, y compris la laine et la soie.

Laine

Chez les Romains, la laine est dessuintée avec de l'urine humaine. Sous l'empereur Vespasien, très près de ses sous, les foulons devaient payer une redevance au fisc pour recevoir cette urine qui, jusque-là, leur était fournie gratuitement. A priori, l'expression "l'argent n'a pas d'odeur" date de cette époque. En Islande, au début du XXe siècle, si l'on en croit le magazine *L'Art Ménager*, de septembre 1928 : "...on a également conservé ce procédé, et les femmes emploient l'urine mélangée avec de la cendre." Pourtant, la première mention écrite du savon connue à ce jour est gravée sur des tablettes d'argile sumériennes datant de 2500 avant Jésus-Christ. Elles ont été découvertes entre le Tigre et l'Euphrate et parlent de l'utilisation du savon pour laver la laine. Il semble que le savon ait été créé spécialement pour la phase lavage dans la fabrication des étoffes[58].

---

55. Weir, Shelagh : *Spinning and Weaving in Palestine*, London : British Museum, 1970. In R W Hedge : *The Discovery and Prehistory of Soap – A historical perspective and banausic interpretation*, Waterlooville, England : Butser Ancient Farm, 2002.
56. K̲āqāni, Nāṣer-e K̲osrow, et Neẓāmi.
57. Dehk̲odā, q.v: ṣābun. Fasā i, ed. Rastgār ; Tehran, 1999.
58. R W Hedge : *The Discovery and Prehistory of Soap – A historical perspective and banausic interpretation, Waterlooville, England* : Butser Ancient Farm, 2002.

Dans un article sur la savonnerie de Tourcoing, le conservateur du Centre d'histoire locale écrit : « La savonnerie doit être considérée comme une activité annexe du travail de la laine. Avant toute autre opération, les laines brutes doivent être triées, lavées et dégraissées, débarrassées du suint. Des savonniers travaillaient donc à Tourcoing sous l'Ancien Régime [...]. Le savon fabriqué alors n'est pas le savon dur du type Marseille mais un savon mou, à base de potasse. Ce savon très facilement soluble dans l'eau a été employé longtemps dans l'industrie textile[59]. » Ce monsieur aurait pu ajouter que la veille de la tonte, les moutons eux aussi sont lavés au savon noir. Dans son roman *Farmer Boy* adapté pour la série télévisée *La Petite Maison dans la prairie,* Laura Ingalls Wilder, raconte comment son bien aimé Alonzo pousse les moutons dans les bassins de lavage où des hommes, dans l'eau jusqu'à la taille, frottent vigoureusement leur toison avec du savon noir et que « toute la saleté sortait de leur laine et flottait dans le courant avec la mousse du savon. »

Le vrai savon noir à l'huile d'olive lavera la laine sans l'agresser. Faites fondre deux cuillers à café du savon noir dans deux litres d'eau froide ou à peine tiède, ajoutez quatre gouttes d'Huile Essentielle de cèdre, histoire de pourrir la vie aux mites, lavez votre petite laine et rincez avec une eau à la même température que l'eau de lavage. La laine ne supporte pas les chocs thermiques qui la font feutrer.

Posez une belle serviette éponge à plat, mettez votre lainage sur la serviette et roulez délicatement les deux comme pour préparer les sushis. Une fois que vous avez un joli cylindre, prenez-le en mains et pressez-le sur toute la longueur. **NE LE TORDEZ PAS**.

Puis déroulez le tout et posez votre petite laine à plat sur une autre serviette sèche.

Satin, soie

Mrs Beeton, gourou des maîtresses de maison victoriennes, donne dans sa bible[60], une recette plutôt dispendieuse pour laver les

59. José Barbieux, conservateur au Centre d'Histoire Locale, in *Nord Éclair*, 11 et 12 janvier 1998,
60. Beeton, Isabella Mary : *The Book of Household Management*, 1861.

rubans de soie. On mélange une demi-pinte de gin, une demi-livre de miel, une demi-livre de savon noir et une demi-pinte d'eau.

On étale tous les rubans à traiter sur une table pour les frotter, bien à plat, avec la mixture. Puis, en tenant délicatement chaque ruban par les extrémités et sans le tordre, on le plonge dans trois récipients successifs d'eau froide. On met les rubans à égoutter pendant deux minutes sur un fil avant de les repasser avec un fer chaud.

Nous n'avons pas testé. Par contre, nous avons essayé avec satisfaction la version allégée de cette recette :

Diluez deux cuillers à café du savon noir dans deux litres d'eau froide. Plongez-y vos petits dessous affriolants préférés en soie et lavez-les délicatement, sans les tordre ni les frotter. Rincez-les à l'eau froide. Pour leur donner un peu de tenue et raviver la couleur, ajoutez un morceau de sucre et quelques gouttes de vinaigre à la dernière eau de rinçage.

N'essorez jamais les vêtements en satin ou en soie. Suspendez-les mouillés. Ne les séchez pas au soleil et repassez-les lorsqu'ils sont encore humides.

Peaux de chamois

Nettoyez les peaux de chamois cracra en les trempant dans de l'eau additionnée de savon noir et de gros sel. Rincez-les à l'eau vinaigrée puis à l'eau claire.

Serpillières et chiffons en microfibre

Si vous voulez laver une serpillière microfibre à la main, versez du savon noir liquide sur la serpillière, laisser agir cinq minutes, frottez sans forcer et rincer. C'est rapide et efficace.

Lavage au lave-linge

Comme pour le lavage à la main, le vrai savon noir à l'huile d'olive ou à l'huile de lin peut être utilisé sans problème au lave-linge.

Selon le degré de saleté et de dureté de l'eau, mettez trois ou quatre cuillers à soupe de savon noir liquide dans le tiroir à lessive – ou dans une boule de lavage si vous préférez. C'est comme vous voulez !

Pour parfumer délicatement votre linge, vous pouvez ajouter quatre gouttes de l'Huile Essentielle de votre choix : lavande, citron, néroli, menthe, cèdre, ylang-ylang, etc. Ou faire un mélange d'agrumes ou d'autres Huiles. Faites-vous plaisir parce que vous le valez bien et votre linge aussi !

Pour laver le blanc, ajoutez une demi-tasse de cristaux de soude – ou une à deux cuillers à soupe de percarbonate de sodium selon la saleté du linge – et une demi-tasse de bicarbonate dans le tambour.

Versez une rasade de vinaigre dans le tiroir réservé à l'assouplissant et pour optimiser tout ça, ajoutez une douzaine de balles de lavage dans le tambour – ou prenez trois balles de tennis ou les balles de golf de Raymond. Avec tout ça, c'est sûr, la mère Denis est battue à plate couture !

Fabriquez vos lessives avec du savon noir en pâte

Pour le blanc

Lavez le blanc avec du savon noir en concoctant cette recette magique :

Mettez deux tasses de savon noir dans un récipient. Faites bouillir six tasses d'eau distillée et versez-la sur le savon. Mélangez et laissez reposer pendant une demi-heure. Ajoutez une tasse de cristaux de soude et une autre de bicarbonate pour blanchir le linge et renforcer le pouvoir dégraissant de votre lessive. Ou une tasse de percarbonate de sodium qui désodorise, détache et blanchit le linge. Complétez, si vous voulez, avec une cuiller à café de votre Huile Essentielle préférée – ou faites un cocktail de plusieurs Huiles. Et versez le tout dans un bidon à lessive, ou un bocal hermétique.

Utilisez une tasse de cette préparation pour faire une lessive en machine ou un quart de tasse pour le lavage à la main.

Votre linge sera blanc mais, à la différence du linge lavé avec les lessives classiques, il n'aura pas ce reflet légèrement bleuté qui le rend éclatant. Pourquoi, vous demandez-vous consternée ? Parce que les lessiviers utilisent des azurants optiques chimiques. Ils sont purement cosmétiques. Une poudre bleue, par illusion d'optique, rend le blanc plus blanc, avec un reflet bleu. C'est comme les gouttes bleues pour les yeux ! Le savon noir ou pas, n'a pas cette caractéristique. Il lave mais ne bleuit pas. Mais lui, il ne contient pas les produits souvent dérivés du stilbène – un perturbateur endocrinien – à l'origine d'allergies et difficilement dégradable. Vous trouverez plus de détails croustillants sur ces azurants dans **l'annexe 2.**

Ô vous, vestale de la lessive, qui rêvez de chemises d'un blanc aveuglant, ne désespérez plus. Nous aussi on peut tricher ! On est des filles et on se maquille ! Pour ce qui est des illusions d'optique, on en connaît un rayon.

On peut faire comme la tante Hortense quand elle était jeune : on va ajouter de la craie bleue à l'eau de rinçage. Prenez une craie bleue de Barnabé, coupez-la en six morceaux. Mettez un morceau dans le compartiment de l'assouplissant, avec le vinaigre et admirez la blancheur éclatante !

Ou

Vous pouvez remplacer la craie de Barnabé par quatre à six gouttes d'encre du stylo-plume de Timothée dans le vinaigre versé dans le compartiment adoucissant de votre lave-linge. Lorsque Timothée s'apercevra de votre larcin, investissez dans une bouteille d'encre ! Vous en aurez pour toutes les lessives de blanc de votre vie. L'encre contenue dans la bouteille vous permettra de donner un reflet bleu à toutes vos lessives.

Pour le blanc qui a tendance à jaunir, gardez des coquilles d'œuf bien lavées, mettez-les dans une mousseline, ficelez-la soigneusement pour qu'elles ne s'échappent pas, mettez dans le tambour du lave-linge et procédez comme d'habitude.

Vous pouvez aussi préparer votre adoucissant blanchissant : mélangez dans un récipient un litre de vinaigre, deux tasses de bicarbonate. Attention, ça mousse ! Ajoutez le bicarbonate petit à petit. Mettez une craie de couleur ou une demi-cuiller à café d'encre bleue. Versez dans une bouteille dûment étiquetée et utilisez une tasse de cet adoucissant par lessive.

Si vos serviettes blanches ont grise mine, mettez-les à tremper dans un volume de vinaigre dilué dans douze volumes d'eau. Laissez agir une nuit et passez au lave-linge le lendemain.

Les chaussettes blanches de Stéphane ont viré au jaune pisseux. C'est sûr qu'il ne peut pas les porter dans cet état, mais avant de les jeter ou de les assigner au nettoyage des stores, il vaut mieux leur donner une dernière chance en les plongeant dans un grand récipient d'eau bouillante additionnée d'une tasse de vinaigre. Laissez agir l'acétique liquide une nuit et passez au lave-linge comme d'habitude.

Pour la couleur

Mettez deux tasses de savon noir dans un récipient. Faites bouillir six tasses d'eau distillée et versez sur le savon. Mélangez et laissez reposer pendant une demi-heure. Ajoutez une cuiller à café de votre Huile Essentielle préférée – ou faites un mélange de plusieurs Huiles. Et versez dans un bidon à lessive ou un bocal hermétique.

Utilisez une tasse de cette préparation pour faire une lessive en machine.

Pour un lavage à la main, versez un quart de tasse dans votre évier ou une cuvette.

La laine

Utilisez du savon noir pour laver la laine au lave-linge. Votre préparation spécial couleur est parfaite. Ou vous pouvez faire une lessive spéciale laine avec la même recette mais en ajoutant de l'Huile Essentielle de cèdre pour couper l'appétit aux mites.

Si vous lavez vos petits pulls en cachemire au lave-linge, glissez-les dans une taie d'oreiller ou une housse spéciale lingerie, lavez-les à froid ou sur le programme laine et programmez l'essorage à 600 tours ou moins.

Pour enlever les taches sur le pull irlandais tricoté par les blanches mains de Giovanna, recouvrez l'objet du délit avec une toute petite quantité de savon noir en pâte. Laissez agir une heure ou deux puis émulsionnez et passez au lave-linge en prenant les précautions d'usage.

Avant de passer au lave-linge des pulls en laine jaunie, mettez-les à tremper dans deux litres d'eau froide additionnée de quatre cuillers à soupe de vinaigre. Passez au lave-linge et lavez comme d'habitude.

La soie

À l'état naturel la soie n'est pas douce du tout parce que le fil est recouvert d'une matière qu'on appelle le grès ou la séricine. Pour obtenir un tissu soyeux, il faut la décreuser ou la dégommer. Autrement dit, on la fait bouillir dans de l'eau et du savon noir pour éliminer définitivement la séricine et obtenir la soie cuite, toute douce.

Pour laver la soie, utilisez votre préparation au savon noir, mettez du vinaigre pour assouplir et fixer la couleur et programmez un lavage spécial soie ou lavage délicat sans essorage. Suspendez les vêtements en soie mouillés. Ne les séchez pas au soleil et repassez-les lorsqu'ils sont encore humides.

Avant de passer au lave-linge des vêtements de soie jaunie, mettez-les à tremper dans deux litres d'eau froide additionnée de quatre cuillers à soupe de vinaigre. Passez-les au lave-linge et lavez comme d'habitude.

Le savon noir pour éradiquer les taches

Avant le lavage, mettez-en une toute petite quantité, mou ou liquide, non dilué sur la tache, recto et verso.

Par précaution, si vous avez des doutes, faites d'abord un petit test sur une partie peu visible.

Si tout se passe bien, tartouillez une petite noisette de savon noir sur la tache, laissez agir quinze minutes et hop, c'est parti. Passez au lave-linge comme d'habitude.

Beurre ou margarine

Le savon noir, c'est l'ennemi juré des taches de gras quelles qu'elles soient. Il les terrasse sans pitié.

Recouvrez la tache avec une noisette de savon noir et laissez poser un quart d'heure puis passez au lave-linge.

Pour les taches anciennes bien incrustées, laissez agir pendant la nuit avant de passer par la case lave-linge.

Bière

Rincez la tache à l'eau gazeuse, puis frottez-la avec du vinaigre. Rincez à l'eau tiède et au savon noir puis passez au lave-linge.

Si la tache est importante ou si elle résiste, mettez le vêtement à tremper dans un mélange de trois-quarts de vinaigre pour un quart d'eau froide. Laissez agir toute une nuit et passez au lave-linge.

Cambouis

Les taches de cambouis sont un cauchemar. Retirez ce que vous pouvez avec un couteau ou le bord d'une cuiller. Mettez un peu de savon noir sur l'envers de la tache. Frottez un peu, puis retournez le vêtement taché. Déposez un petit pois de savon noir sur la tache. – Frottez et, si le tissu n'est pas fragile, utilisez une brosse à dents ou à ongles mouillée. Rincez à l'eau froide.

Recommencez l'opération si nécessaire, puis passez le relais au lave-linge.

Encaustique ou cirage

Frottez avec du savon noir et, si le tissu n'est pas fragile, avec une brosse à dents. Rincez avec de l'eau gazeuse.

Si tout n'est pas parti, recommencez et mettez au lave-linge.

Feutre

Les artistes se sont exprimés à coups de feutres sur leurs vêtements. Recouvrez ces créations avec du savon noir en pâte, et passez au lave-linge.

Fruits

Recouvrez la tache avec du jus citron et rincez. Si la tache est toujours en place, mettez un peu de savon noir en pâte, frottez et hop, au lave-linge.

Goudron, grésil et asphalte

On ne demandera pas à Raymond ce qu'il a fait pour revenir dans un tel état. On se contentera de retirer le maximum de corps étrangers collés sur son jeans en grattant avec un couteau. Puis on tartinera un peu de savon noir non dilué sur la tache, à l'endroit et à l'envers, avant d'expédier le *jean* au lave-linge et Raymond sous la douche.

Graisse

Là où le savon noir passe, les taches de graisse trépassent. Étendez à sec une petite noisette sur l'envers de la tache puis sur l'endroit. Frottez légèrement avant de mettre au lave-linge.

Herbe

Barnabé s'est encore roulé dans l'herbe avec un pantalon de combat clair. Recouvrez les traînées vertes avec du savon noir et passez au lave-linge.

Huile

Ne mettez jamais un vêtement avec des taches d'huile au lave-linge avant d'avoir traité la tache.

Saupoudrez immédiatement la tache de talc, de terre de Sommières, de Maïzena ou de farine ou frottez-la avec de la craie blanche. Quand la farine ou le produit que vous avez utilisé aura absorbé la totalité de l'huile, brossez le tout.

Puis recouvrez la tache avec du savon noir en pâte avec un tout petit peu d'eau. Laissez le savon œuvrer en toute tranquillité pendant une heure minimum avant de mettre au lave-linge.

Lait ou chocolat

Épongez et rincez le désastre à l'eau gazeuse. Tamponnez avec de l'alcool à 90°. Étalez un peu de savon noir sur la tache et hop, au lave-linge.

Mayonnaise

Retirez tout ce que vous pouvez avec un couteau ou le bord d'une cuiller à soupe. Recouvrez avec du savon noir non dilué, laissez poser une heure et lavez.

Moisi

Dans le *Guide de la modiste*[61], Julia Bottomley recommande une approche scientifique pour traiter les taches de moisi. L'une des recettes les plus simples qu'elle préconise consiste à mouiller le tissu avant de recouvrir la tache avec un mélange de savon noir, d'amidon en poudre, de sel et de jus de citron, recto et verso, et de mettre au soleil.

Œuf

Retirez les solidités, recouvrez de savon noir, laissez poser et passez au lave-linge.

---

61. Bottomley, Julia ed. : T*he milliners' guide, a complete handy reference book for the workroom, embraces the professional experience of ages*, 1917.

Peinture

Les peintures à base de latex ou les peintures à l'eau sont faciles à enlever avec de l'eau savonneuse à condition de les traiter immédiatement.

Étalez un soupçon de savon noir sur la tache, frottez légèrement et laissez poser plusieurs heures.

Si tout n'est pas parti, recommencez l'opération.

S'il reste des traces, frottez-les avec de l'alcool à 90° puis lavez le vêtement.

Rouge à lèvres

Recouvrez les taches de rouge à lèvres sur les serviettes de table avec du savon noir. Ayez une pensée émue pour Stendhal pendant que le savon agit puis mettez les serviettes au lave-linge.

Taches jaunes

Les draps en lin du trousseau de tante Hortense sont défigurés par d'affreuses taches jaunes. Ces horreurs apparaissent parfois sur le linge resté trop longtemps dans une commode ou dans une armoire. Elles ne sont pas toujours faciles à identifier à moins d'avoir un laboratoire sous la main. Mais pour les éradiquer, vous n'avez pas besoin de leur pedigree.

Commencez par les recouvrir de savon noir en pâte additionné d'un tout petit peu d'eau. Laissez agir une heure ou deux puis lavez normalement.

Si tout n'est pas parti, appelez la cavalerie. Appliquez du bicarbonate dilué dans juste assez d'eau pour faire une pâte. Laissez agir une heure puis lavez

En cas de résistance tenace, mélangez en quantités égales, du savon noir, de l'amidon en poudre, du sel fin et du jus de citron. Laissez poser et passez au lave-linge.

Sang

Les taches de sang ne posent aucun problème si vous intervenez rapidement avec de l'eau gazeuse. Si elles font de la résistance, mettez la partie tachée à tremper dans du vinaigre pendant 10 minutes.

Répétez si nécessaire et lavez immédiatement avec du savon noir.

Terre battue

Quand Nadal a gagné Roland Garros, sa maman a eu du boulot ! Le garçon s'est littéralement roulé sur la terre rouge. Il en avait partout. Ce n'est pas Venus qui aurait fait ça avec ses tenues en dentelle hypersexy. Les filles sont bien plus soigneuses. Pour sauver la tenue de son champion de fils, elle a sans doute fait tremper toutes ses petites affaires dans un bain d'eau chaude vinaigrée avant de les frotter avec du savon noir. Sauf si elle a décidé de vendre sa tenue sur le site *ebay*, auquel cas, inutile de toucher aux taches.

Vieilles taches tenaces

Pour traiter les vieilles taches tenaces non-identifiées, essayez de les frotter avec deux cuillers à soupe de savon noir liquide et trois cuillers à soupe de vinaigre dilué dans une litre d'eau chaude. Puis expédiez au lave-linge.

Vomissures

Retirez les matières régurgitées, rincez à l'eau gazeuse puis frottez la tache avec du vinaigre. Rincez avec de l'eau tiède et du savon noir et passez au lave-linge.

Si la tache est importante ou qu'elle résiste, mettez le vêtement à tremper dans un mélange de trois parts de vinaigre pour une part d'eau froide. Laissez agir toute une nuit et passez au lave-linge.

Chaussures et sacs en toile

Les tennis et les sacs de sport retrouvent une seconde jeunesse après un brossage au savon noir et un bon rinçage.

Vêtements, chaussures, sacs et cartables et chaussures en cuir

Mettez une noisette de savon noir en pâte sur un chiffon humide, frottez et voilà vos cuirs propres, souples et brillants.

Nubuck et cuirs gras de couleur

Nettoyer ces vêtements avec un peu de savon noir dilué dans de l'eau puis, pour les nourrir, passez un chiffon imbibé de lait de toilette ou de lait à démaquiller.

Comment fabriquer du feutre

En Angleterre, les vêtements en feutre de Faith Roper font un malheur. Quand on lui demande son secret de fabrication, elle explique que le feutre, c'est de la laine… feutrée. On obtient ce résultat en faisant subir à la laine l'épreuve de la chaleur, de l'humidité et de la friction. Et le processus de fabrication à la main est facile et ne prend que quelques minutes.

Faith utilise de la laine cardée et l'empile en touffes sur une natte en bambou jusqu'à ce qu'elle ressemble à un grand matelas floconneux. Puis, avec de l'eau – aussi chaude que possible sans se brûler – additionnée de savon noir, elle masse la laine pour faire pénétrer le liquide. Ensuite, elle roule la laine dans la natte en bambou, comme pour faire, une fois de plus, des sushis. Elle déroule et enroule plusieurs fois de suite pour agglutiner les fibres entre elles. Pour finir, elle presse les fibres pour expulser le liquide qui reste. Et après, elle fait des chapeaux à tomber !

Plantes d'intérieur

Vos petites compagnes botaniques ont le moral dans les chaussettes. Et avouez qu'il y a de quoi. Entre l'arrosage négligé et les infestations d'insectes indésirables, il faut dire que leur environnement n'est pas propice à l'épanouissement. Avant d'envisager de les envoyer en pension chez Giovanna pour se refaire une santé, déclenchez les premiers secours.

Arrosage

Lorsque la terre sèche, archi-sèche, plus sèche que les chaussettes de l'archiduchesse ne laisse pas passer la moindre goutte d'eau, il n'y a pas de temps à perdre. Déclenchez le plan blanc si vous voulez sauver vos plantes. Grattez délicatement la terre avec une fourchette. Puis, mettez une toute petite goutte de savon noir dans l'eau d'arrosage qui doit impérativement être à température ambiante pour arroser sans détremper.

Dans ce cas précis, on utilise le savon noir pour aider l'eau à pénétrer dans ce mini-désert de Gobi.

Insectes

Acariens, pucerons, aleurodes, cochenilles et autres insectes peu fréquentables prospèrent dans les atmosphères chauffées et/ou confinées. Pour éviter d'utiliser des insecticides dont on sait les effets nocifs sur la santé, privilégiez en curatif, une toilette régulière des feuilles à l'eau et au savon noir.

> ⚠ Ce traitement, réservé uniquement aux feuilles glabres comme des jeunes légionnaires, ne convient pas aux feuilles velues comme celles des violettes africaines.

Le savon noir est un excellent répulsif contre les insectes qui ont une sainte horreur des produits avec un pH basique. Il les fait fuir ventre à terre.

Aleurodes

Les aleurodes – ou mouches blanches – sont un fléau fréquent qui frappe de nombreuses plantes dans les maisons, les serres et les jardins. Ces suceurs de sève affaiblissent la plante et peuvent la faire mourir.

Si l'une de vos petites compagnes botaniques est attaquée, mettez-la en quarantaine pour éviter que ces squatters n'envahissent les autres pots. Puis vaporiser les plantes avec une solution à un pour cent de savon noir dans de d'eau. Vaporisez le liquide en insistant sur la face inférieure des feuilles. Ce traitement va enrober et d'étouffer les œufs et les larves.

Cochenilles

Les cochenilles sont protégées par leur protection farineuse ou leur bouclier. Pour les exterminer, préparez une solution mortelle moitié eau moitié alcool de ménage et ajoutez une cuiller à café de savon noir liquide. Vaporisez toute la plante avec ce pesticide. Attaquez les endroits vraiment infestés de cochenilles avec un coton-tige imbibé de cette solution.

> ⚠ Ne pulvérisez pas ce liquide sur les fleurs. Délogez les cochenilles qui s'y trouvent avec un coton-tige imbibé de cette solution.

Larves d'othiorinques

Ces affreuses sont des petits mille-pattes blancs de 0,5 mm qui vampirisent les plantes. Elles mangent les racines, ce qui bien évidemment affaiblit vos pauvres végétaux. Aspergez la terre avec un mélange de savon noir et d'eau, une cuiller à soupe par litre. La potasse qu'il contient enrobe l'insecte et l'asphyxie ou le dessèche. Renouvelez l'opération si nécessaire.

Pucerons & Co

Chassez les pucerons et les autres insectes dès leur apparition en vaporisant les feuilles et le sol avec un litre d'eau tiède dans lequel vous avez dilué une ou deux cuillers à café de savon noir.

Laissez le traitement agir pendant quelques heures, puis recouvrez la terre avec un film plastique pour éviter que le savon ne pénètre dans la terre et rincez votre plante en évitant de laisser le savon imprégner la terre.

Dans les cas extrêmes où, en plus des pucerons, la plante est recouverte de poussière agglomérée avec l'exsudat produit par les envahisseurs, lavez la plante avec une éponge trempée dans de l'eau additionnée de savon noir.

DU SAVON NOIR
DANS LA CAISSE À OUTILS

N'importe quel bricoleur tendance McGyver vous dira que le savon noir a fait une brillante carrière parallèle comme outil de sabotage. Dans le trente et unième épisode de la série des Fantômas, *La cravate de chanvre*, une bonne dose de savon noir tartouillée sur les rails a réussi à faire dérailler un transsibérien lancé à pleine vitesse.

Pendant la guerre d'Indépendance, les Patriotes américains, eux aussi ont utilisé le savon noir pour mettre la pâtée aux Highlanders britanniques au pont de Widow Moore's Creek. Le 27 février 1776, pendant la nuit, les rusés patriotes, moins nombreux que leurs adversaires, ont retiré les lattes de bois du pont et ont enduit le tablier avec du savon noir et du suif. Une heure avant le lever du soleil, les Highlanders ont voulu traverser le pont dans l'obscurité, mais la plupart sont tombés dans la crique, quant aux autres, ils se sont fait tuer ou capturer par les patriotes.

Dans le guide du sabotage simplifié de 1944 (un manuel a ne pas mettre entre toutes les mains), le savon noir est recommandé pour saboter un moteur ou une chaudière : « Après inspection [...] mettez un kilogramme de savon noir dans l'eau du réservoir[62]. »

Le savon noir était également sollicité pour nettoyer une arme après le tir en cas de panne du produit usuel. « Passer l'écouvillon

62. Strategic Services Field Manual No. 3, Office of Strategic Services, Washington, D. C., 17 January 1944.

de laine, avec du solvant à poudre noire. À défaut, de l'eau tiède et du savon noir. » Et bien entendu, la toilette de l'arme se fait « loin de toutes sources incandescentes ou de chaleur. »

Pour le bricolage plus classique, le savon noir est tout aussi pratique.

De l'art de toiletter les toits

Ardoise, lauze

Vous pouvez utiliser le savon noir pour le nettoyage des tuiles en ardoise et en lauze.

Les couches de l'ardoise sont très fines et parfaitement étanches, c'est pour cela qu'on l'utilise sur les sols – y compris les terrasses – aussi bien que sur les toits.

Le vrai nom de la lauze – aussi appelée « ardoise de montagne » – est la phonolite parce qu'elle émet un son de cloche lorsque l'on tape dessus. Cette pierre résiste aux conditions extrêmes.

Pour laver et redonner une nouvelle jeunesse à la lauze qui couvre le toit du chalet de Laure-Yanne, une solution de savon noir peut faire l'affaire.

Diluez deux cuillers à soupe de savon noir dans un seau d'eau chaude. Et normalement, avec des litres d'huile de coude pour frotter, vous aurez un toit à épater la galerie.

Panneaux solaires

Et comme Raymond est sur le toit, profitez-en pour lui faire nettoyer les panneaux solaires.

Pour qu'ils soient au top, il faut les laver et les dégraisser régulièrement. Sinon vous perdez entre trois à cinq pour cent du rendement de l'installation.

Le savon noir à l'huile d'olive lave, dégraisse et réduit les salissures naturelles comme les déjections d'oiseaux, poussières, lichens, mousses, feuilles, pollutions industrielles, etc.

Diluez une cuiller à café de savon noir dans deux litres d'eau chaude. Versez dans un vaporisateur. *Pschitt-pschittez* gaiement les panneaux, laissez agir, rincez soigneusement et essuyez avec une raclette sèche.

Décoller le papier peint

L'affreux papier peint psychédélique hérité des précédents occupants de votre appartement, rendra les armes sans efforts si vous lui faites subir un petit traitement sans douleur pour vous. Diluez une cuiller à soupe de savon noir dans un demi-seau d'eau chaude. Lavez le papier peint avec cette eau savonneuse, laissez agir 30 minutes et arrachez.

Fini satiné pour bois vernis ou laque

Mais si, c'est possible de donner un fini satiné au bois verni ou laqué, même si vous utilisez un vernis brillant pour commencer. Le secret des pros, c'est de poncer le verni ou la laque avec de la laine d'acier 0000 et du savon noir liquide[63].

63. *American Woodworker*, June 1994 – N° 38.

La peinture

En Californie, après la Seconde Guerre mondiale, le savon à l'huile de lin spécial lino a entamé une nouvelle carrière dans le nettoyage des surfaces à peindre et des pinceaux. Un peintre américain à la retraite explique qu'il ne commençait jamais un travail de peinture avant de nettoyer toutes les surfaces avec ce savon noir[64]. Les marchands de peinture sont devenus les principaux revendeurs de savon à l'huile lin.

Les carreaux

Enlever le mastic

Le mastic de vitrier est fait avec de l'huile de lin.

Pour changer un carreau, le plus dur, c'est souvent d'enlever le mastic durci qui fait de la résistance. Plutôt que de vous acharner à le gratter, passez-lui une couche de savon noir en pâte et laissez poser quelques heures. Après ce petit traitement, même le plus dur des durs sera si ramollo que vous n'aurez aucun mal à le retirer[65].

64. A Concise History of Lin-Sol.
65. *Handy Helps* : Manuel de bricolage de 1904.

Pas de peinture sur les carreaux

Pour éviter d'avoir à gratter la peinture sur les vitres, il suffit de leur passer un bon savon avant les travaux !

Le nettoyage des pinceaux

Au Danemark « la démence du peintre » est une maladie officiellement reconnue comme étant le résultat de l'utilisation de solvants en peinture à l'huile. Pour éviter de vous couper l'oreille comme ce pauvre Vincent en pleine crise – pas la peine de prendre des risques inutiles – remplacez la térébenthine ou l'alcool à brûler par du savon noir pour nettoyer vos pinceaux.

Les solvants pénètrent dans le corps par les pores de la peau et nous ruinent la santé. Si vous voulez en savoir plus, voyez **l'annexe 2.**

Les manchons

Un moyen pratique de nettoyer un manchon, c'est de le mettre à tremper dans une boîte de balles de tennis. Remplissez cette boîte avec du savon noir dilué dans suffisamment d'eau pour recouvrir le manchon. Fermez bien le couvercle et secouez-le comme un *shaker* à cocktail. Laissez agir quelques heures, secouez à nouveau, renouvelez l'opération si nécessaire et rincez.

Les pinceaux

« Qui veut peindre longtemps ménage ses pinceaux », dit un proverbe bien connu. Et pour le faire, voilà la marche à suivre :

Dès que vous avez fini avec un pinceau, plongez-le dans un récipient rempli d'eau, ça empêchera la peinture de se dessécher sur les poils.

À la fin de la séance de peinture, prenez tous les pinceaux et mettez-les dans l'évier. Passez-les un à un sous l'eau chaude. Utilisez le pouce et l'index pour faire partir la peinture. Pour éviter que les poils ne tombent, vérifiez qu'il ne reste pas de peinture sous la férule.

Rincez l'évier et vos mains pour éliminer les résidus de peinture. Mettez un peu de savon noir liquide dans le creux d'une main et, de l'autre, tenez fermement le manche du pinceau et mettez les poils dans le savon. Faites-lui faire un mouvement de va-et-vient énergique en tournant le manche dans un sens puis dans l'autre. Continuez cette petite chorégraphie jusqu'à ce que les poils semblent propres. Rincez à l'eau tiède et répétez ce procédé si nécessaire. Faites un petit test de propreté sur un bout de papier absorbant ou un vieux chiffon propre pour vous assurer qu'il ne reste plus de peinture. Répétez ce shampoing intensif avec chaque pinceau.

Une fois le test passé avec succès, redonnez au pinceau sa forme initiale. Modelez délicatement le pinceau mouillé du bout de doigts. Essuyez l'eau avec un chiffon doux. Lorsque vous avez terminé ce petit brushing, posez le pinceau à plat sur un chiffon propre ou un bout de papier absorbant. Faites la même chose pour chaque pinceau.

Terminez par un séchage des poils à l'air libre. Mettez les pinceaux bien droits dans un récipient, jusqu'à ce qu'ils soient complètement secs. Une boîte à café avec un couvercle en plastique est parfaite pour ce genre d'opération. Faites des trous dans le couvercle, coincez-y les manches – avec la partie sans poils vers le haut – puis mettez le couvercle garni de pinceaux sur la boîte en vous assurant qu'ils ne touchent pas le fond. C'est mauvais pour les poils et le moral.

Une fois bien secs, rangez-les dans une boîte à pinceaux pour ne pas les abîmer.

Nettoyage des mains

Pour vous laver les mains, n'utilisez pas de white spirit, trop irritant. Préférez le savon noir.

L'imper-méabilisation des murs

Enduit mural lavable

Pour rendre un enduit mural lavable – autrement dit pour pouvoir passer un coup d'éponge humide dessus, sans pour autant compromettre ses qualités respirantes – dans une entrée, par exemple, ou un couloir, essayez le savon noir.

Diluez du savon noir à l'huile d'olive dans vingt ou trente pour cent d'eau. Mélangez bien et appliquez une ou deux couches à la brosse à badigeon. Laissez bien sécher entre les couches.

Ce type de traitement renforce les teintes. Votre couloir jaune sera un peu plus foncé après votre badigeonnage.

Lait de chaux

C'est un badigeon très dilué plus ou moins translucide suivant la dilution de l'eau. On l'utilise pour « chauler » poutres en bois, hangar, écuries ou pour créer de la transparence en décoration :

Mélangez un volume de chaux, dix volumes d'eau, des pigments si vous voulez et du savon noir qui favorise le mélange de l'eau aux pigments et donne un aspect final velouté incomparable.

Le stuc

C'est un enduit à base de chaux et de poudre de marbre appliqué en plusieurs couches fines et dont la dernière couche, soigneusement lissée, est fermement ferrée au savon noir naturel pour le durcir et le rendre étanche.

Ce n'est pas la matière qui fait le stuc – on trouve aussi des stucs au plâtre, plâtre chaux ou à l'argile – c'est le mode d'application et la finition quand on a « stuqué » c'est-à-dire lissé, serré et ferré un enduit fin. Traduction pour les béotiens de la technique ancestrale du « stucage » : vous prenez un beau galet bien lisse ramassé sur la plage par Barnabé et Timothée, ou une cuiller, que vous faites glisser sur la surface de l'enduit pour le lisser – le « serrer » en faisant pénétrer le savon noir.

Si vous appliquez le même enduit, que vous lissez mais sans le serrer à l'extrême et que vous ne le ferrez pas, vous aurez un beau décor, mais pas un stuc.

Ce procédé décoratif, écologique et imperméable a été diffusé dans toute l'Europe par les Italiens de la Renaissance. François Ier a fait stuquer des murs à Chambord. En dehors des applications purement esthétiques, le stuc a été utilisé pour assurer l'étanchéité des aqueducs, des thermes et autres milieux très humides.

Pour l'entretenir, rien de plus simple ! Le stuc est lavable mais uniquement à l'eau et au savon noir et rien d'autre.

Tadelakt ou tadlakt

Le *tadelakt*, c'est le cousin marocain du stuc italien, en plus épais. Traditionnellement, il était utilisé pour les murs extérieurs des maisons. Comme le stuc, le *tadelakt* n'est pas une matière. C'est un enduit de chaux colorée, appliqué en épaisseur variable. Il est lissé avec un galet pour serrer la chaux. Il ne devient *tadelakt* – caresser, masser en arabe – qu'après un soigneux serrage et ferrage au savon noir, le *sabun al-baldi* ou savon de campagne de bonne qualité[66] –, un savon à base de pulpe d'olives noires. Il est encore plus brillant avec une finition à la cire naturelle.

Aujourd'hui le *tadelakt* est aussi très tendance pour les murs intérieurs – comme celui du musée Nejjarine de Fez. Les salles de bains de nombreuses chambres d'hôtes à Fez sont recouvertes de *tadelakt*.

Le *tadelaktage*

Si vous voulez *tadelakter* vos murs intérieurs ou extérieurs, vous en aurez pour toute la journée. Préparez votre mélange avec quatre-vingts ou soixante-dix pour cent de savon noir traditionnel en pâte, dilué dans vingt ou trente pour cent d'eau. Étalez le savon noir à l'éponge et lissez au galet. Enlevez l'excédent de savon. Répétez l'opération jusqu'à ce que le support n'absorbe plus de savon. Laissez sécher vingt-quatre heures, lavez à l'eau froide. Laissez sécher et passez un chiffon doux pour faire reluire votre chef-d'œuvre. Pour l'entretien, lavez uniquement avec du savon noir.

Pour faire le vrai *tadelakt* « comme là-bas, dis! » vous pouvez commander le kit complet – y compris de la chaux de Marrakech, avec son petit galet de rivière en granit, donc très dur, et tout le reste de l'équipement du parfait *tadelakteur* – sur internet[67].

Le Tierrafino® Stone est utilisable sur les murs extérieurs et intérieurs et dans la salle de bain. Le vendeur recommande de le laver exclusivement au savon noir, de n'utiliser ni crème à récurer ni produits anticalcaires. Et de graisser au savon noir une fois par mois les supports très sollicités.

Vous trouverez plus de détails dans l'annexe 1 « où trouver du savon noir? »

66. « Souvent le terme *al-baldi* implique authenticité et bonne qualité » Driss Cherkaoui : The story of the human being, the woodcutter : the anatomy of a traditional Moroccan oral tale, *The Journal of North African Studies*, Spring 2004 ; 9(1):78-103.
67. http://www.akterre.com/akterre_documentation/deco/tierrafino_stone.pdf

Béton

Un article dans un magazine américain de 1911[68] explique que le savon noir imperméabilise le béton. Au lieu d'utiliser de l'eau pure pour mélanger le béton et le mortier pour faire la couche externe de dix centimètres d'un mur de fondation, des ouvriers ont utilisé un mélange d'eau et de savon noir – huit livres (3,6 kilos) de savon noir par mètre cube de béton et de mortier. Le mur est resté étanche pendant une grosse inondation, non pas en raison des matières grasses que contient le savon noir, mais de sa potasse qui, combinée à la chaux du ciment, forme un composé qui bouche les pores.

Mortier

Dans un livre sur la construction des bâtiments de 1906, l'auteur explique que le mortier à base de chaux absorbe cinquante à soixante pour cent de son poids en eau et le meilleur ciment de Portland, entre dix et vingt pour cent. Donc, ils se désintègrent quand il gèle. Le mortier peut être rendu pratiquement étanche en ajoutant de l'alun en poudre[69] et du savon noir. L'alun est mélangé au ciment ; le savon noir[70], dissout dans l'eau utilisée pour faire le mortier. L'alun et le savon se combinent pour former des composés insolubles dans l'eau et ils renforcent considérablement le mortier.

Le mélange poudre d'alun et savon noir peut être utilisé pour plâtrer les murs du sous-sol et les murs extérieurs des bâtiments et contribue à la durabilité du mortier[71].

68.Soft soap waterproofs concrete, *Popular Mecanic Magazines*, H H Windsor Editors, Chicago, May 1911.
69. Un pour cent du poids du ciment sec en poudre d'alun.
70. Un pour cent de savon.
71. F. E. Kidder : *Building Construction and Superintendence*, William T. Comstock, 1906.

Véhicules

Pour le nettoyage et le bichonnage de vos moyens de locomotion, le savon noir fait un retour en force.

Auto

Dans le manuel d'entretien des voitures Ford de 1922, à la question « Quelle est la bonne méthode pour laver la voiture ? » La réponse[72] est qu'il faut utiliser de l'eau froide ou tiède – jamais chaude. Et, une fois le plus gros de la saleté enlevé, on prend une éponge pour laver la carrosserie avec du savon noir dilué dans de l'eau tiède.

Dix-sept ans plus tard, dans le manuel Ford pour les propriétaires et opérateurs de voitures et camions Ford[73], les recommandations pour laver la carrosserie sont les mêmes que précédemment.

Et pour nettoyer les moteurs – saleté, graisse, etc. –, les spécialistes conseillent une petite séance d'air comprimé, un lavage à l'eau et au savon noir, suivi par un rinçage et un séchage soigneux.

---

72. Answer No. 108.
73. FORD MANUAL : For Owners and Operators of Ford Cars and Trucks, 1939.

Aux États-Unis, le savon noir à l'huile de lin Lin-Sol de Louis Kang pour laver le lino devient rapidement aussi le savon noir préféré des automobilistes. La carrosserie est lavée et protégée par le film résiduel qu'il laisse sur la peinture. La voiture brille comme un dollar neuf et elle est plus facile à laver par la suite.

Les garagistes et les mécaniciens associent aussi le savon noir à la poudre de pierre ponce capable de tout nettoyer – même le verre – sans rayer, pour enlever le cambouis ou la graisse oxydée.

Extérieur

Faites un test avec le savon noir. Mettez une cuiller à soupe de savon noir liquide dans huit litres d'eau chaude, armez-vous d'une grosse éponge et appliquez la solution savonneuse en vous concentrant sur les parties les plus sales. Rincez immédiatement avant de passer à la section suivante. Puis lavez la carrosserie, les vitres, les enjoliveurs et même les roues. Séchez avec un chiffon microfibre ou une peau de chamois.

Pour effacer les traces d'eau, rincez la voiture avec trois volumes d'eau distillée et un volume de vinaigre.

Et pour la faire rutiler, ajoutez quelques gouttes de vinaigre à l'eau de rinçage.

Intérieur

Vitres

Lavez les vitres avec le mélange eau savon noir ou mettez un peu de savon noir liquide sur une éponge.

Bois verni

Un chiffon microfibre humide suffit en principe à nettoyer le tableau de bord en acajou ou en palissandre verni. Mais pour les traces tenaces, il faut parfois un peu d'eau savonneuse.

Plastique

Nettoyez les revêtements en plastique et diminuez l'électricité statique qui attire la poussière avec de l'eau chaude additionnée d'une cuiller à soupe de savon noir et d'une tasse de vinaigre.

Taches sur les sièges

Pour les taches ordinaires, les recettes sont les mêmes que pour les taches sur le canapé de votre salon. Ayez toujours une bouteille d'eau gazeuse dans la voiture pour traiter les taches sur les sièges et les tapis rapidement.

Huile ou essence

Pour les gros accidents, comme de l'huile ou de l'essence renversée sur le siège – sauf si le siège est en cuir. Dans ce cas, traitez le désastre comme pour le canapé en cuir, – mouillez généreusement le siège avec de l'eau additionnée d'un peu de savon noir, puis aspirez immédiatement avec un aspirateur à eau. Recommencez jusqu'à disparition de la tache – une vraie galère parce que l'huile risque de revenir par capillarité ! Dans ce cas, répétez le lavage aspiration. Séchez avec une serviette éponge, en frottant dans tous les sens. Une fois le siège détaché et sec, saupoudrez le tissu de bicarbonate pour assécher et éliminer l'odeur. Renforcez cette action en mettant un récipient rempli de vinaigre dans la voiture. Fermez toutes les écoutilles. Laissez agir une nuit et le lendemain matin, les mauvaises odeurs auront disparu. Il ne vous restera plus qu'à passer l'aspirateur.

Taches sur les tapis

Pour les taches qui viennent d'être faites, intervenez immédiatement, sauf pour les taches de boue qu'il faut laisser sécher :

- Retirez le maximum des matières solides avec un couteau.
- Épongez les liquides avec du papier absorbant.
- Recouvrez les dégâts avec de l'eau gazeuse et épongez.
- Diluez une cuiller à café de savon noir et une cuiller à café de vinaigre dans un litre d'eau tiède.
- Frottez, rincez et séchez.

Caravane, mobil-home

Comme pour la voiture, lavez l'extérieur au savon noir.

Pour l'intérieur, c'est comme à la maison, faites le ménage au savon noir.

Vélo

Avant d'entreprendre leur voyage à vélo à travers la Suisse et la Savoie, Jean et Giovanna ont soigneusement briqué leurs bicyclettes de cyclotourisme avec du savon noir. D'abord parce que c'était quand même plus classe de circuler sur des cycles scintillants sous le soleil et qu'en plus, aux frontières, les douaniers vérifiaient systématiquement le numéro du cadre. Donc, pour qu'il soit lisible, un toilettage en règle était de rigueur. Ils ont passé l'examen de présentation du numéro aux officiels – fort pointilleux ma foi, on ne plaisantait pas avec ces choses en ce temps-là – haut la main.

Pour laver les vélos façon écolo, du VTT et du vélo siglé de Karl, avec sacoches matelassées, au tricycle des enfants, la recette est simple : un seau d'eau et du savon noir. Prévoyez des chiffons microfibre, une vieille brosse à dents et une bonne quantité d'huile de coude, écologique, *of course* !

Casque

Comme le casque de moto, le casque de vélo a besoin d'un bon lavage de temps en temps. Un petit coup d'éponge avec du savon noir effacera vos traces de sueur.

Moto

Pour les Madoffisés ou pas, crise oblige, l'écolonomie est devenue top tendance. Tout le monde s'y met, y compris *Moto Magazine*[74].

74. *Moto Magazine*, octobre 2008, n°251,

Si ! Même Raymond n'en revenait pas quand il a lu comment nettoyer sa moto sans polluer et en utilisant beaucoup moins d'eau. Imaginez le choc quand il a appris que pour laver sa Harley, il utilisait entre cent à cent cinquante litres d'eau. Et qu'en plus, il polluait, même en utilisant un produit ami de l'écologie – le savon noir – tout simplement parce que la saleté retirée de sa *Fat boy* ne l'était pas. Il n'y avait pas pensé ! Maintenant il sait qu'il faut laver sa moto dans un endroit proposant l'écoulement rapide des effluents vers un vrai « tout à l'égout » et qu'il doit béquiller sa moto sur un lit de vieux cartons d'emballage pour filtrer les graisses et les cambouis dans les lieux non protégés.

Raymond a d'ailleurs bien envie d'envoyer un mail à Arnold qui, contre toute attente, est devenu environnementaliste, mais qui n'est sans doute pas encore informé des problèmes graves engendrés par le lavage des motos. Ceci dit, ce ne sont pas les particuliers qui utilisent le plus d'eau ou qui polluent le plus. Contrairement à ce qu'on voudrait nous faire croire, l'agriculture intensive et l'industrie sont de très loin les plus grands consommateurs d'eau et les plus grands pollueurs.

Moto mag a aussi testé pour les motards le savon noir liquide à l'huile d'olive pur pour nettoyer entièrement toute une GSR-R très sale après 3000 km de route. Le laveur testeur a utilisé des lingettes microfibre et des pinceaux. Résultat du test : « très correct et un rendu brillant partout sauf sur la jante arrière et le bras oscillant, beurrés à l'excès de graisse de chaîne très tenace. » Et pour ce gros lavage « un cinquième de litre de savon noir liquide a suffi et moins d'une dizaine de litres d'eau ont été nécessaires pour le rinçage.[75] »

Raymond reconnaissant dit « Merci *Moto Mag* ! »

Même si vous utilisez du savon noir pour laver votre moto ou vos outils, les eaux de nettoyage ne peuvent en aucun cas être vidées dans les égouts. Récupérez-les dans des récipients vides, fermés, et bien identifiés, et déposez-les à la collecte des déchets spéciaux des ménages dans votre parc à conteneurs.

75. *Ibid.*

Casque

Une petite toilette au savon noir effacera tout.

Et pour un nettoyage en profondeur, mettez-le au lave-vaisselle. Il sortira de cette expérience, quelque peu secoué mais propre et rénové.

Bateau

Entre la marine et le savon noir, c'est une longue histoire. Lorsqu'un bateau descendait la rampe de lancement pour son voyage inaugural, sa coque était enduite de savon noir. Quand le Titanic a été mis à l'eau le 31 mai 1911, vingt-trois tonnes de suif, d'huile de vidange et de savon noir avaient été utilisées pour l'aider à glisser dans la mer à midi pile. La totalité de l'opération n'a pris que soixante-deux secondes.

Nous nous empressons de rassurer les fans du film qui liront cet ouvrage :

> **Le savon noir n'a joué aucun rôle dans le naufrage de ce grand paquebot, ni dans la mort tragique de Leonardo di Caprio dans le film éponyme de James Cameron. Le savon noir n'est pas responsable**.

Par contre, on peut supputer – nous n'avons aucune information directe sur ce sujet – que le savon noir était utilisé pour briquer ce vaisseau de luxe. À l'époque la marine britannique et la marine française étaient grandes consommatrices de savon noir. Plus tard, jusque dans les années 1960, dans le Sud de la France, les savonneries Marius Fabre fournissaient chaque année plus de cent tonnes de savon noir à la Marine Nationale à Toulon pour nettoyer les ponts des bateaux. Et dans le Nord, l'entreprise Le Briochin la fournissait en savon noir à l'huile de lin.

Aujourd'hui le savon noir a la cote chez les navigateurs éco-conscients. Ils le préfèrent aux produits nettoyants contenant des phosphates et d'autres produits chimiques toxiques pour le système aquatique. Parce qu'il nettoie fort efficacement les ponts et les coques de bateaux, en bois ou en plastique. Et après le lessivage au savon noir on peut, sans regrets et ni remords comme Chester Himes, jeter cette eau sale par-dessus bord sans polluer.

Le pont

Diluez deux cuillers à soupe de savon noir en pâte dans un seau d'eau. Lavez au balai-brosse en chantant gaiement, puis rincez.

Les vitres

Comme à la maison, diluez une cuiller à café de savon noir dans deux litres d'eau chaude. Passez l'éponge sur les vitres, essuyez à l'aide d'une raclette en faisant des lignes verticales d'un côté puis des lignes horizontales sur l'autre. Puis faites briller avec un chiffon microfibre.

Les miroirs

Diluez un petit pois de savon noir dans un litre d'eau chaude. Passez une éponge sur le miroir. Essuyez avec une raclette et faites briller avec un chiffon microfibre. Frottez toujours de haut en bas et légèrement en biais.

Acier inoxydable et chromes

Nettoyez toutes les surfaces en acier avec une larme de savon noir sur une éponge.

Bois verni

Un petit coup de chiffon microfibre humide et hop, l'acajou ou le palissandre verni retrouvent leur bonne mine. Mais pour effacer les taches, il faut parfois un peu d'eau savonneuse.

Surfaces en plastique

Nettoyez-les et diminuez l'électricité statique qui attire la poussière avec de l'eau chaude additionnée d'une cuiller à soupe de savon noir et d'une tasse de vinaigre.

DU SAVON NOIR AU JARDIN

Les premières représentations de jardin connues à ce jour se trouvent sur les murs des tombeaux égyptiens. En Asie Mineure, les Perses appelaient leurs jardins *pairidaeza* : de « « *pairi* » autour et « *daeza* » mur. Dans ces lieux, loin de la foule déchaînée, tout n'était que calme, luxe et volupté. Si, si ! La preuve, c'est que le *kama-sutra* persan s'appelle *le Jardin des délices*. Bref, ces petits paradis ont fait des envieux qui se sont empressés de les copier. Les Grecs ont aménagé leurs *paradeisos*, puis les Romains qui ne voulaient pas être en reste, l'ont latinisé en *paradisus*. Et maintenant vous savez d'où vient le Paradis, eh oui, le monde est petit.

Patio

Entre les déjections d'oiseaux, les projections du barbecue et diverses autres punitions qu'il a subies, le patio a piteuse allure. Pour lui donner un grand coup de propre, le savon noir fait l'affaire pour la plupart des surfaces.

Carrelage

Protégez un carrelage extérieur qui vient d'être posé avec du savon noir qui neutralise l'acidité du ciment et le protège avec l'huile d'olive ou de lin, des taches de feuilles, de gras et autres traces. Comme pour le carrelage intérieur, préparez un seau d'eau chaude dans lequel vous diluez deux cuillers à soupe de savon noir. Frottez au balai-brosse. Inutile de rincer si vous utilisez du savon noir à l'huile d'olive.

Pierre

Pour traiter les taches de graisse, mouillez la pierre avec de l'eau claire ou de l'eau gazeuse. Préparez un seau d'eau très chaude, ajoutez deux cuillers à soupe de savon noir et un verre de vinaigre. Frottez avec un balai-brosse, rincez au jet et buvez une bonne tasse de thé.

Meubles de jardin

La folie des meubles de jardin ne date pas d'hier. Les Grecs et les Romains de l'Antiquité avaient des salons de jardin à faire pâlir le voisin. De tables et des bancs de marbre, sans oublier les fontaines, les statues et les autres ornements, ont été retrouvés dans les jardins de Pompéi.

Barbecue

Après la soirée grillades, le barbecue a besoin d'un dégraissage intégral. Mettez un peu de savon noir sur une brosse à vaisselle. Frottez puis rincez à l'eau chaude.

À la fin de la saison, un récurage en profondeur s'impose. Enduisez-le de savon noir, laissez agir un petit moment, frottez avec un tampon de laine d'acier et de l'eau.

Et si vos grilles de barbecue ont quelques taches de rouille, enduisez-les de savon, frottez avec de la laine d'acier et rincez.

Meubles en aluminium

Très tendance, ils sont faciles à entretenir. Lavez-les de temps en temps avec deux cuillers à soupe de savon noir dilué dans un seau d'eau tiède. Mais si vos chaises ont été exposées à des produits chimiques comme ceux qu'on trouve dans les lotions solaires, il faut les nettoyer le plus rapidement possible. Frottez-les avec une petite larme de savon noir sur une éponge mouillée.

Meubles en bois

Les meubles en teck sont un grand classique et n'exigent qu'un minimum d'entretien – un petit massage à l'huile de teck deux fois par an. Mais avant de les huiler, il faut les laver pour enlever la poussière. Diluez deux cuillers à soupe de savon noir dans un seau d'eau chaude et faites-leur un bon shampoing. Après, il ne vous reste plus qu'à les frotter avec de l'huile prévue à cet effet.

Pour choisir un salon de jardin qui provient d'une forêt bien gérée et qui ne contribue pas à la destruction des dernières forêts tropicales, choisissez un salon de jardin portant le label FSC – Forest Stewardship Council – le seul label qui garantit une bonne gestion des forêts. Consultez la liste de *Green peace*[76] avant d'acheter.

Meubles en fer forgé, grille ou rambarde en fer forgé

Le fer forgé est un grand sensible à l'humidité et aux variations de température. Il faut donc absolument rentrer ces meubles en hiver et les bichonner avec beaucoup de délicatesse pour les empêcher de rouiller. Une petite toilette à l'eau additionnée de savon noir – deux cuillers à soupe dans un seau d'eau. Frottez, rincez et essuyez aussitôt.

Pour éviter qu'ils ne rouillent, passez une couche de vernis sur la peinture.

Les spécialistes conseillent aussi d'éviter de les poser sur du bois parce qu'ils y laisseront des traces.

Métal peint

Si votre salon est en métal peint avec une matière anticorrosive, pour l'entretenir, il vous suffira de faire disparaître les taches avec une éponge et du savon noir. Et de renforcer l'anticorrosion du métal avec l'application régulière d'une crème pour métal.

Meubles de jardin en plastique et PVC

Le plastique résiste au soleil, à la pluie et autres intempéries. Pour entretenir vos sièges de jardin en style urbain, dépoussiérez-les avec un chiffon microfibre sec et propre.

76. http://www.greenpeace.org/raw/content/france/groupes-locaux/rennes/documents/Enquete_FSC_Rennes_2008.pdf

En cas de taches d'huile ou de crème solaire ou de résidus alimentaires, lavez-les avec une éponge joliment décorée d'une lichette de savon noir.

Si vous avez un travail de récurage plus sérieux à faire sur votre mobilier en plastique, mélangez deux cuillers à soupe de savon noir et deux de vinaigre dans un seau d'eau chaude. Attaquez les taches rebelles avec une vieille brosse à dents. Rincez à l'eau froide et laissez sécher au soleil.

Frottez les taches rebelles à sec avec du savon noir en pâte.

Ou

Utilisez votre pierre blanche maison. Mouillez une éponge avec de l'eau froide. Passez-la sur la pierre puis frottez la table et les chaises en plastique aussi longtemps que nécessaire. Si vous faiblissez, faites-vous relayer. Une fois que vous avez obtenu le résultat souhaité, rincez à l'eau froide puis séchez avec un chiffon microfibre pour les faire briller.

Avec le temps, tout s'en va, y compris le brillant du plastique. Pour cacher son teint terne, vous pourrez le repeindre avec une peinture spéciale plastique.

Meubles en résine

Les meubles de patio en résine – un type de plastique très résistant – sont solides, rigides et extrêmement durables. Ils résistent au sel, au chlore et aux huiles solaires. Un petit coup d'éponge préalablement plongée dans un seau d'eau tiède agrémentée de deux cuillers de savon noir effacera toutes les traces sans douleur pour eux et pour vous.

Meubles en résine tressée

Les meubles de salon en résine tressée – aussi appelée rotin synthétique – font un malheur autour des piscines et sur les patios branchés. D'abord parce qu'elle résiste vaillamment aux UV – même après tout un été au jardin – et à toutes les températures même les plus extrêmes, à la pluie et la neige. Donc si vous êtes du style à briser la glace de la piscine pour faire vos trois kilomètres de dos crawlé quotidiens, n'hésitez pas. Investissez dans un siège « bain de soleil » en résine tressée.

Pour l'entretenir, évitez les produits nettoyants chimiques. Utilisez de l'eau savonneuse – deux cuillers à soupe de savon noir dans un seau d'eau tiède – que vous passez sans stresser avec une éponge.

Meubles en rotin

Le fauteuil en rotin style Emmanuelle de tante Hortense a pris un coup de vieux. Et tante Hortense aussi ! Pour donner une seconde jeunesse au fauteuil, lavez-le avec deux cuillers à soupe de savon noir dilué dans un seau d'eau. Et pour lui éclaircir le teint – toujours au fauteuil – relavez-le avec de l'eau très chaude à laquelle vous ajoutez du jus de citron. Rincez à l'eau claire et essuyez.

Pour rajeunir tante Hortense, malheureusement la recette ne s'applique pas.

Meubles en fibres synthétiques

Pour garnir les armatures en métal ou en teck, les fabricants proposent de nouvelles fibres synthétiques comme la batyline – en fibres de polyester –, le hularo – en fibres de polyéthylène – ou le textilène – en fibres de verre. Toutes ces matières résistent aux intempéries et peuvent donc rester dehors toute l'année.

Pour les entretenir, un simple coup d'éponge trempée dans la solution eau-savon noir suffit à les remettre à neuf.

Mobilier gonflable en PVC

Oubliez les vieux matelas pneumatiques pas vraiment design. Ils n'ont rien à voir avec le mobilier gonflable *made in Italy* hyper *trendy,* en PVC très épais, extrêmement résistant et confortable, ludique, facile à installer et à entretenir.

Une éponge imbibée d'eau et de savon noir suffit à faire leur toilette. Rincez-les et séchez-les rapidement et sans douleur avec un vieux gant de toilette.

Toile
Pour nettoyer la toile des chiliennes, coussins, fauteuils, matelas, parasols, stores, etc. du patio ou de la terrasse, diluez deux cuillers à soupe de savon noir dans un seau d'eau tiède et frottez avec une brosse très souple tout en laissant couler de l'eau pour rincer immédiatement.

Taches de moisi
C'est l'horreur, la toile vert amande des chiliennes est constellée de moisi. Pour survivre à cette infamie, préparez un petit mélange de savon noir, Maïzena, sel et jus de citron. Étalez cette pâte sur les marques et mettez à sécher au soleil. Brossez, rincez à l'eau vinaigrée et prenez un air dégagé maintenant que tout est effacé.

Cabane de jardin

Pour donner un petit coup de propre à l'intérieur de la cabane de jardin, après un bon balayage – ou mieux, un passage d'aspirateur de jardin si vous en avez un, un lavage au savon noir fera l'affaire. Diluez un bouchon dans un seau d'eau et actionnez le balai-brosse.

Rongeurs
Et pour chasser les rongeurs qui ont élu domicile dans la cabane, lavez le sol et les murs avec un demi-bouchon de savon noir dilué dans un seau d'eau chaude additionnée de vingt gouttes d'Huile Essentielle de menthe des champs ou poivrée. Les souris, mulots et autres membres de cette famille ont une sainte horreur de la menthe.

Serre

Pour laver les vitres et les bancs de la serre, pas de problème. Mélangez un bouchon de savon noir liquide dans un seau d'eau chaude et c'est parti mon Kiki.

Et pendant que vous y êtes, profitez-en aussi pour nettoyer vos plantes et les débarrasser des parasites avec les recettes que nous vous donnons pour le jardin.

Du savon noir pour jardiner écolo

C'est grâce aux jardiniers que le savon noir à l'huile d'olive a fait son *come-back.* Décidés à trouver une alternative aux pesticides, fongicides et autres herbicides chimiques, ils ont ressorti les vieilles recettes d'avant la guerre. Et, avec une grande émotion, ils ont découvert que le savon noir pouvait parfaitement remplacer les produits chimiques, y compris le fameux Roundup, le plus célèbre et le plus vendu dans le monde. Monsanto, à grand renfort de publicité et avec la complicité de Rex, le chien du spot publicitaire à la télé qui déterre son nonosse juste après les pulvérisations, a longtemps fait apparaître son produit comme « biodégradable » et « respectueux de l'environnement ». Malgré ce tableau idyllique, le fabricant a été condamné en 2007, pour avoir utilisé des mentions qui pouvaient « laisser faussement croire au consommateur à l'innocuité totale et immédiate desdits produits ». Depuis 2001, le glyphosate, composé principal du Roundup, est classé « Irritant » et « Risques d'effets néfastes à long terme sur l'environnement aquatique ». Mais on se demande naïvement pourquoi les effets sur les humains ne sont pas mentionnés dans cette classification. Si vous voulez en savoir plus sur tout ce petit monde toxique, voyez **l'annexe 2.**

Si vous voulez éradiquer les ravageurs sans vous empoisonner et sans polluer l'environnement – oui, c'est possible, contrairement à ce que disent les spécialistes proches de l'industrie chimique – le savon noir vous aidera à faire un sort aux pucerons et autres indésirables peu recommandables, sans toxicité pour l'environnement.

Mais attention, n'euthanasiez pas tous les petits volants et rampants sur votre passage. Très peu sont vraiment nuisibles et la grande majorité travaille pour vous sans que vous ne le sachiez. Tenez, la taupe par exemple, celle que vous vous acharnez à envoyer chez le voisin, elle saccage votre gazon avec ses tas de terre, mais elle mange aussi son poids en limaces, courtilières, vers gris et larves diverses et variées.

L'arrosage

Au retour de vacances vous retrouvez la terre de votre jardin sèche et dure comme de la pierre. Vous aurez du mal à arroser. Mettez quelques gouttes de savon noir dans l'arrosoir, l'eau pénétrera mieux.

Préparez votre insecticide universel

Le savon noir fait des merveilles pour éloigner les insectes, les parasites et les vilaines maladies.

Mélangez une cuiller à soupe de savon noir dans quatre litres d'eau chaude. Secouez vigoureusement à plusieurs reprises et laissez refroidir. Puis versez dans un vaporisateur pour attaquer les insectes et les maladies. La quantité vaporisée doit être assez généreuse pour que les plantes dégoulinent. Et l'eau doit s'accrocher au feuillage. Renouvelez l'opération tous les sept ou dix jours.

Cette mixture change la surface du feuillage en le rendant alcalin, ce qui est une très mauvaise nouvelle pour les champignons qui exigent un environnement acide et pour les insectes qui sont suffoqués.

Ne perdez pas de temps. Aux premiers signes d'oïdium, de mildiou, fumagine ou autre invasion fongique, vaporisez les plantes infectées le matin ou le soir – lorsque la température est relativement fraîche et qu'il n'y a pas de lumière qui tape directement sur la plante – avec ce mélange jusqu'à guérison de la plante.

Insecticide universel renforcé

La famille des alliums, ail et oignon, renforce l'action de votre insecticide universel.

L'ail est très efficace pour faire un sort peu enviable aux maladies et aux insectes à tous les stades de leur vie – œuf, larve et adulte. Cela vaut pour les acariens, les aleurodes, les aphididés, les carpocapses de la pomme et de la poire, les chenilles, les coccinelles mexicaines, et leurs cousins les coléoptères – y compris les bruches et les trogodermes du grain –, les doryphores, les fourmis, les nématodes, les noctuelles, les perceurs du pêcher, les souris, les taupes, les teignes des crucifères, les vers fil de fer (larves des taupins), les vers des fruits d'agrumes, les vers du chou, ainsi que les champignons et les bactéries.

Réduisez cent grammes d'ail non épluché en purée, ajoutez un demi-litre d'eau et une cuiller à soupe de savon noir liquide. Laissez reposer vingt-quatre heures. Filtrez cette infâme mixture et versez-la dans cinq litres d'eau.

Et pour plus de puissance, faites une belle purée avec cent grammes d'ail et cent grammes d'oignon. Et procédez comme ci-dessus.

Mettez cette horreur dans un pulvérisateur et attaquez les vils envahisseurs.

Fast potion ou insecticide universel express

Pour aller plus vite, préparez une mixture qui tue avec deux cuillers à café de piment de Cayenne, deux cuillers à café d'ail en poudre, une cuiller à café de savon noir et deux tasses d'eau. Mélangez vigoureusement avant de vaporiser avec ce mélange épicé.

Exit les parasites

Fumagine

C'est une maladie cryptogamique, autrement dit un champignon de type *Capnodium oleaginum* ou *Fumago salicina* à la fine croûte noirâtre qui ressemble à de la suie qui vit et se nourrit sur les dépôts de miellat.

Pour les nouveaux jardiniers, le miellat est une substance luisante, collante et sucrée, sécrétée principalement par certains insectes dits « suceurs piqueurs de sève » : comme les aleurodes, les aphididés, les cochenilles, les cicadelles, les psylles, les thrips. Ces insectes sucent la sève contenant des sucres et d'autres éléments fabriqués lors de la photosynthèse. Après digestion, ils rejettent les sucres en excès et forment le miellat qui se dépose sur les feuilles. Ces insectes sont donc les vecteurs de la fumagine, qui n'est qu'une apparition secondaire de l'attaque parasitaire.

Les plantes attaquées par ce fléau sont les rosiers, les arbres fruitiers, les agrumes, les rhododendrons, les hortensias, les camélias, les lauriers roses, etc.

Les fourmis sont des fondues du miellat au point de faire l'élevage de pucerons pour récolter la substance sucrée. Si vous voyez une colonie de fourmis s'activer dans votre jardin, vous risquez fort de découvrir aussi du miellat et de la fumagine sur vos plantes.

Nettoyez les deux avec du savon noir. Diluez une ou deux cuillers à café de savon noir liquide dans un litre d'eau et vaporisez les zones sinistrées. Le savon noir est un mouillant qui permet de nettoyer le miellat déposé par les pucerons, aleurodes et autres suceurs de sève. Et la potasse qu'il contient s'attaque à la carapace molle de ces bestioles en dégradant la cuticule. Une fois supprimé, le miellat va se tarir par la même occasion et cela entraînera la suppression progressive et naturelle de la fumagine.

Mildiou

Il se manifeste par un duvet gris bleuté sur le dessous des feuilles et des taches marron huileuses sur le dessus. On peut traiter le mildiou avec du bicarbonate et du savon noir. Mélangez deux cuillers à café de savon noir liquide et deux cuillers à café de bicarbonate dans un litre d'eau et vaporisez.

Ou

Mettez deux cent cinquante grammes de cristaux de soude et trente-deux grammes de savon noir dans un seau d'eau tiède. Utilisez ce mélange pour traiter le mildiou dès son apparition. Vaporisez à nouveau au printemps suivant et au moment des fruits.

Ou

Préparez un lait au savon noir. Ce mélange particulièrement efficace a été découvert par un chercheur brésilien, Wagner Bettiol[77], qui s'est aperçu qu'il fonctionnait aussi bien que les fongicides classiques pour les roses que pour les concombres, les courgettes et les melons. Ce fabuleux fongicide lacté marche à merveille pour la vigne[78] !

Mélangez une demi-tasse de lait écrémé bio dans un litre d'eau. Ajoutez une demi-cuiller à café de savon noir liquide et vaporisez cette mixture sur les feuilles et les fruits tous les quinze jours jusqu'à ce que les fruits soient mûrs.

Nodule noir

Cette maladie fongique causée par un champignon microscopique du genre *Dibotryoen* affecte surtout les pruniers et les cerisiers cultivés et sauvages. Des excroissances noires – ou nodules – squattent les rameaux et les branches infectés. Une fois complètement encerclées, les sections situées au-dessus des nodules meurent.

77. Wagner Bettio, Harllen S.A. Silva & and Ronielli C. Reis: Effectiveness of whey against zucchini squash and cucumber powdery mildew, Scientia Horticulturae, 12 June 2008; 117(1):82-84.

78. P. Crisp, T. Wicks, D. Bruer, and E. Scott: An evaluation of biological and abiotic controls for grapevine powdery mildew. 2. Vineyard trials, *Australian Journal of Grape and Wine Research*, 2006; 12: 203-211.

Pour éviter la contagion, coupez et brûlez les arbres très atteints.

Et pour les autres, coupez les branches environ dix centimètres sous la base des nodules.

Nettoyez les outils entre chaque coupe avec du vinaigre, de l'alcool à 70° ou 90° ou de l'alcool de ménage.

Évitez de toucher les parties saines après avoir touché les parties infectées de l'arbre.

Ramassez toutes les feuilles mortes. Ne compostez jamais des débris de végétaux infectés. Jetez immédiatement tous les résidus de taille parce que ce champignon continue à produire des spores.

Oïdium

L'oïdium ou mildiou sec est une maladie cryptogamique comme son cousin le mildiou. Il s'attaque surtout aux arbres et sa signature est un feutrage blanc qui se fixe sur le dessus des feuilles, des tiges et des fleurs. On peut traiter l'oïdium avec du bicarbonate et du savon noir. Le bicarbonate attaque le mildiou et le savon noir sert de mouillant pour fixer le bicarbonate sur les feuilles. Les études sur l'efficacité de cette équipe ne manquent pas[79] ! Diluez deux cuillers et demie à soupe de savon noir liquide et une cuiller à soupe de bicarbonate dans quatre litres d'eau. Arrosez bien les deux jours avant le traitement. Vaporisez et renouvelez les pulvérisations après la pluie ou l'arrosage.

Et

En prévention contre les champignons parasites qui attaquent les arbres fruitiers à feuilles brillantes, préparez une petite concoction dont ils se souviendront. Mélangez une cuiller à café d'huile

79. Williams Greg and Pat Williams : Sodium bicarbonate for control of mildew on grapes. *HortIdeas*, June 1997 ; p. 70. Anon : Baking soda can ward off fungus. *Greenhouse Manager.* June 1990. p. 24. 4. Ziv, O. and T. A. Zitter: Effects of bicarbonates and film-forming polymers on cucurbit foliar diseases, *Plant Disease*. 1992 : Vol. 26, No. 5, p. 513-517. Williams, Greg and Pat Williams : More on baking soda/horticultural oil vs. fungal disease. *HortIdeas*. June 1992 : p. 69. Hofstetter, Bob : Homemade pesticides, *The New Farm*. February 1993. p. 14-16. Moore, Sallyann Roberts : Bicarbonates offer effective disease control. *Grower Talks*. February 1996. p. 72.

d'olive et une cuiller à soupe de savon noir liquide dans quatre litres d'eau. Remplissez un vaporisateur. Testez le mélange sur une feuille et attendez 24 heures. Si tout va bien, vaporisez le reste des feuilles tous les matins pendant une semaine, puis une fois par semaine pendant un mois, puis une fois par mois. Ne vaporisez pas au-dessous de zéro ou au-dessus de 30°.

Taches noires

C'est la maladie des roses de jardin la plus répandue au monde. Le coupable est un champignon du nom de *Diplocarpon rosae*, qui produit de gros points noirs sur les feuilles qui jaunissent et tombent.

Contre les taches noires et le mildiou mélangez une cuiller à soupe de bicarbonate et une cuiller à café de savon noir dans quatre litres d'eau et vaporisez les feuilles avec cette solution. Ça marche aussi pour la vigne[80] très sujette à ces désagréments.

Exit les insectes ravageurs

Cinq tout petits pour cent des insectes qu'on trouve dans les jardins ou les maisons sont nuisibles. Réfléchissez bien avant d'exterminer et dites-vous qu'à traiter la totalité du jardin avec un insecticide toxique, vous allez empirer le problème au lieu de le diminuer. En éliminant les insectes bénéfiques, comme les coccinelles, les chrysopes, les araignées et plusieurs autres, vous les empêcherez de faire leur travail de prédateurs utiles.

Sébastien Bidault explique que le pH du savon noir est assez basique – il est fait avec de la potasse – donc il a peu d'impact sur la plante mais les insectes détestent. Ils éviteront les plantes traitées avec du savon noir. Il en faut très peu. Si vous utilisez du savon noir liquide, diluez-le entre cinq et sept pour cent maxi-

80. Williams Greg and Pat Williams : Sodium bicarbonate for control of mildew on grapes. *HortIdeas*, June 1997 ; p. 70.

mums et vaporisez sur les feuilles. Ça marche bien et ça ne nuit pas aux auxiliaires de jardin – abeilles, coccinelles peuvent vaquer joyeusement à leurs occupations sans être incommodées. Le savon noir a un bilan environnemental très positif.

Le cahier des charges de Nature et progrès[81] admet le savon noir potassique comme mouillant pour l'agriculture écologique.

Dans votre plus beau vaporisateur, versez un litre d'eau auquel vous ajoutez une ou deux cuillers à soupe de savon noir liquide. Pulvérisez ce mélange sur la plante infestée. Vaporisez les feuilles sur les deux faces. Ce liquide asphyxie les larves et les œufs en les engluant dans un film savonneux. Renouvelez le traitement plusieurs fois.

Préparez vos pesticides

Pour une attaque plus pointue, en plus de vos insecticides universels, vous pouvez préparer quelques pesticides puissants, élégants et pourtant si simples.

Un remède rusé pour traiter le problème des pestes dès leur apparition consiste à préparer une infusion avec une plante en bonne santé qui pousse à côté de la plante envahie. Coupez une poignée de feuilles saines et faites-les infuser dans un demi-litre d'eau bouillante. Une fois que l'infusion est froide, filtrez-la et ajoutez-la à deux litres d'eau froide avec une cuiller à café de savon noir liquide. Vaporisez la plante malade avec cette préparation.

Acariens

Ce sont des Arachnides qui ressemblent à des araignées. Ils possèdent quatre paires de pattes et des pièces buccales de type piqueur-suceur. Il en existe plusieurs types, dont l'araignée rouge (voir plus bas). Les acariens ne sont pas des insectes d'où l'inefficacité des insecticides. Mais une bonne giclée de *potion*

81. Tous les producteurs sous mention Nature & Progrès s'engagent à orienter tous leurs différents secteurs (maraîchage, grandes cultures, élevage, viticulture, arboriculture…) *vers la bio-écologie pour atteindre 100 % en 5 années maximum.* http://www.natureetprogres.org/servicepro/sp67.pdf

anti-acariens à l'ail, au piment et au savon noir peut leur faire regretter amèrement d'être venus squatter vos plantes.

Potion anti-acariens : écrasez sans les éplucher quatre-vingts grammes de gousses d'ail. Jetez-les dans dix litres d'eau froide. Laissez infuser pendant vingt-quatre heures. Faites bouillir un quart d'heure, laissez frémir pendant dix minutes, couvrez et infuser. Filtrez et ajoutez cent grammes de savon noir. Mélangez et vaporisez les plantes envahies.

Ou

Pour aller plus vite, préparez la *fast potion* anti-acariens, *l'insecticide universel express* et pulvérisez ces malfaisants.

Aleurodes

Des mouches blanches qui s'envolent en nuée dès que vous effleurez la plante ? Vos indésirables sont des aleurodes. Ces insectes suceurs de sève, dont les minuscules larves blanchâtres se fixent sur le dessous des feuilles. Les espèces d'aleurodes sont nombreuses et peuvent toucher de nombreuses espèces végétales, en intérieur comme en extérieur. Elles ont une prédilection pour les solanacées (tomates, aubergines, etc.) les cucurbitacées, les choux, le fraisier, certaines plantes aromatiques (comme la menthe et la verveine), les fuchsias, les azalées, les rhododendrons et les pélargoniums.

L'aleurode, un vrai petit vampire, prélève la sève des plantes qui s'affaiblissent ou qui meurent en cas d'infestation massive. Les larves de ces affreux suceurs de sève sécrètent du miellat et de la cire, qui s'accumulent sous les feuilles et favorisent le développement de la fumagine – champignon *non grata* et de bactéries pathogènes. Et en prime, les aleurodes peuvent aussi être le vecteur de virus.

Pour les anéantir, diluez du savon noir à un ou deux pour cent dans de l'eau. Versez dans un vaporisateur et visez le dessus et surtout le dessous des feuilles, là où s'agglutinent les larves et les œufs. Le film savonneux va les engluer et la potasse contenue dans le savon enrobe les insectes et dégrade de la cuticule des malheureux à carapace molle dont l'aleurode et les aphididés, et il asphyxie ou dessèche les autres.

Le traitement est à renouveler deux ou trois fois sur le dessus et le dessous des feuilles.

Ou

Préparez-leur une petite concoction avec du savon noir, de l'ail et de l'eau :

Dans une bouteille, mettez une demi-cuiller à café de savon noir liquide, un litre d'eau et ajoutez trois gousses d'ail ou trois cuillers à soupe d'ail en poudre. Versez cinquante grammes de ce concentré dans un spray d'un demi-litre, ajoutez de l'eau et secouez vigoureusement avant de vaporiser le dessus et le dessous des feuilles pour exterminer le vil envahisseur.

Visez bien parce que ce petit cocktail repousse aussi les insectes bénéfiques.

Ou

Assommez-les avec la *fast potion* anti-acariens *l'insecticide universel express* en visant ces ennemis volants entre les deux yeux.

Altises ou puces de terre

Elles attaquent les crucifères : choux, navets, radis etc., les pommes de terre, les pommiers, le maïs, la laitue, etc. dès la levée, surtout en période de sécheresse. Pour les décourager, assurez-vous que les plantes sont bien arrosées du moment où elles sortent de terre jusqu'à celui où les feuilles sont assez grandes pour ne plus souffrir des leurs piqûres.

Diluez du savon noir à un ou deux pour cent dans l'eau d'un arrosoir à pomme fine. Mouillez légèrement les plants avec ce mélange.

Le savon noir est employé dans plusieurs bouillies comme mouillant et insectifuge.

Aphides ou pucerons

La famille des pucerons comprend plus de huit mille espèces ! Dès le début du printemps, un grand nombre de plantes sont attaquées par les pucerons. Noirs, verts, bruns, ces affreux colonisent de préférence les pousses et les bourgeons tendres des plantes, dont ils ponctionnent la sève. D'ailleurs, ils laissent toujours des traces sur la scène du crime. Après avoir sucé la sève des plantes, ils rejettent le miellat qui est une substance collante, la signature de leur forfait et le régal des fourmis.

En inspectant les plantes vous les trouverez en retournant les feuilles. Souvent agglutinés par dizaines, les pucerons provoquent des symptômes typiques tels que l'enroulement des feuilles ou l'apparition de boursouflures. Plus tard les feuilles deviennent collantes de miellat et attirent les fourmis.

Les insecticides naturels doivent être utilisés avec générosité contre les pucerons en début ou en fin de journée et au tout début de l'attaque. Une fois le traitement débuté et les insectes éliminés, les nouvelles pousses apparaîtront saines. Vérifiez régulièrement vos plantes. Ces petits insectes, de taille variable, sont toujours très faciles à repérer avec leur corps en forme de poire, deux antennes sur la tête et deux cornicules à l'arrière du corps.

Le savon noir paralyse les victimes qui finissent par mourir de faim.

Diluez une ou deux cuillers à café de savon noir liquide dans un litre d'eau. Versez dans un vaporisateur et secouez avec la plus grande vigueur pour obtenir une solution mousseuse. Vaporisez sur les feuilles et laissez sécher. Le lendemain, rincez les feuilles avec soin. Renouvelez l'opération tous les deux ou trois jours pendant deux semaines.

Si vos plantes souffrent de la chaleur ou de la sécheresse ou qu'elles sont affaiblies, utilisez une solution encore plus diluée.

Ou

Envoyez les pucerons *ad patres* en les pulvérisant avec *la potion anti-acariens*. Écrasez sans les éplucher quatre-vingts grammes de gousses d'ail. Jetez-les dans dix litres d'eau bouillante, couvrez et infusez pendant vingt-quatre heures. Filtrez et ajoutez cent grammes de savon noir. Mélangez et vaporisez les plantes envahies.

Ou

Utilisez la *fast potion* anti-acariens *l'insecticide universel express* en pulvérisant proprement ces pestes qui pourrissent la vie de vos plantes.

Puceron lanigère

Dans la grande famille des affreux aphididés, on trouve ce puceron laineux. Comme ses cousins, il campe sous les feuilles et se goinfre de sève sucrée. Sa cible : les feuilles des arbres. Les vieux arbres ne souffrent pas trop, mais les jeunes plants risquent d'y rester. Les feuilles s'enroulent, se crispent autour du puceron, sèchent et meurent. Normalement, un petit coup de jet d'eau sur les plantes fait disparaître les pucerons. Mais pour les opiniâtres qui s'accrochent aux feuilles et aux tiges, dégainez le vaporisateur de savon noir.

Diluez une ou deux cuillers à café de savon noir liquide dans un litre d'eau chaude. Versez dans un flacon et vaporisez les plantes attaquées pour asphyxier les affreux laineux.

Araignées rouges

Ces acariens rouges criblent l'envers des feuilles de multiples piqûres et tissent des filaments sur le dessous des feuilles qui jaunissent sur le dessus. En cas d'attaque, pour éliminer ces malfrats, un journal anglais d'horticulture et de jardinage de 1871[82] recommande de préparer une solution avec cinquante grammes

82. Journal of horticulture and practical gardening, 1871; Volume 20 :278.

de savon noir dilué dans quatre litres d'eau et de prendre une seringue pour bien mouiller les deux côtés de la feuille.

Nous, on préfère les vaporiser avec le mélange suivant : Diluez une ou deux cuillers à café de savon noir dans un litre d'eau chaude. Versez dans un flacon et *pschitt-pschittez* les plantes attaquées pour asphyxier les araignées. Si l'invasion des rouges acariens est importante, ajoutez une cuiller à soupe d'alcool de ménage ou à 90° à cette préparation. Augmentez également l'arrosage de la plante.

Ou

Anéantissez les araignées rouges avec la *potion anti-acariens* dessus puisqu'elles le sont ! Vaporisez les plantes envahies.

Ou

Pour aller plus vite, utilisez la formule *express* maison concoctée avec deux cuillers à café de piment de Cayenne. Aspergez copieusement ces rouges acariens.

Et l'année prochaine, plantez de l'ail avec les tomates pour les empêcher ces araignées rouges de revenir.

Carpocapses

Les affreuses carpocapses des pommes/poires sont de petits papillons nocturnes qui apparaissent mi-mai et dont les vols s'échelonnent jusqu'à mi-septembre. En climat favorable, on compte plusieurs générations. Les femelles pondent jusqu'à 80 œufs. L'œuf déposé sur le fruit, éclôt. La chenille pénètre dans le fruit et dévore la pulpe et les pépins.

Pour les piéger, préparez-leur un petit punch 'giga hot' et gluant avec du savon, du vinaigre et du piment.

Mélangez une cuiller à café de savon noir, deux cuillers à soupe de vinaigre et deux cuillers à café de piment de Cayenne dans un litre d'eau chaude. Et pulvérisez le tronc des jeunes arbres pour exterminer toute la nurserie.

Cochenilles

Elles sont bien protégées par leur bouclier et donc un peu plus coriaces à tuer. Exterminez-les avec un mélange explosif ! Diluez une cuiller à soupe de savon noir dans un litre d'eau chaude, ajoutez une cuiller à soupe d'alcool de ménage ou à 70°. Mélangez soigneusement et laissez refroidir. Puis avec votre plus joli pinceau, étalez cette solution sur les cocons et les boucliers de cochenilles.

⚠ Ne fumez pas en utilisant ce produit, sauf si vous avez décidé de vous immoler par le feu – ce que nous vous déconseillons vivement – car l'alcool même dilué reste inflammable.

Fourmis

Les fourmis ont un rôle bien précis dans un biotope et ne doivent en aucun cas être bannies totalement, sous peine de voir votre jardin ravagé par d'autres prédateurs miniatures, autrement plus voraces qu'elles. Eh oui, les fourmis s'attaquent aux chenilles, vers, larves, araignées, mouches, cloportes et cadavres d'insectes en général. Outre leur *job* de nettoyeuses, elles participent activement à la pollinisation en transportant le pollen de fleur en fleur. Ces petites créatures contribuent très largement à l'équilibre naturel du jardin. Malheureusement, elles sont accros au miellat des pucerons. Dès qu'une colonie de pucerons envahit les artichauts ou les plantes en pots, les fourmis arrivent ventre à terre pour s'occuper de ce bétail. Pour plus de détails sur la vie des fourmis, revoyez le film *Fourmiz*[83]. Une fois sensibilisée à ces insectes, vous comprendrez qu'il vaut mieux s'attaquer aux pucerons. Une simple pulvérisation de savon noir sur les plants attaqués suffit à faire déguerpir tout ce petit monde.

Et si vraiment les fourmis vous gênent, si vous avez repéré leur nid, vous pouvez l'inonder avec cent grammes de savon noir dilué dans cinq litres d'eau chaude. Et bouchez-vous les oreilles pour ne pas entendre les cris de Woody Allen.

83. *Fourmiz* (Ants) D'Eric Darnell et Tim Johnson, DreamWorks Animation, Sept. 1998.

Lapins

Ces petites créatures à fourrure festoient avec vos laitues. Pour les dégoûter définitivement de vos productions potagères et les encourager à tester celles du voisin, pulvérisez les objets de leur convoitise avec la *fast-potion* anti-acariens ou *insecticide universel express*. Évidemment les lapins ne sont pas des acariens, mais ils n'aiment pas trop les légumes épicés et savonneux.

Pschitt-pschittez les laitues. Jeannot et ses potes, les larmes aux yeux et les papilles en feu, iront *teufer* vers d'autres cieux.

Limaces et escargots

Giovanna maudit le gang des gastéropodes gluants et gloutons qui saccagent ses plantations, mais s'estime heureuse de ne pas avoir à faire à un gang d'escargots africains géants. Ces terreurs, de la taille d'un ballon de basket, sont équipées de dents – quatre-vingt mille chacun – et peuvent engloutir une laitue en un seul repas.

Les gluants, grands et petits, n'apprécient pas le savon noir qui transforme leur terrain de chasse en patinoire et pollue le menu. Imaginez un peu le goût d'une feuille de laitue rehaussée d'une petite sauce au savon noir. Carrément immangeable !

Diluez un bouchon de savon noir liquide dans un litre d'eau et vaporisez les feuilles des plants qu'ils attaquent.

Ou

Pour faire fuir ces ravageurs rampants, ventre à terre, ajoutez de l'ail. Faites macérer six cuillers à soupe de poudre d'ail dans une demi-tasse d'huile d'olive pendant 24 heures. Filtrez et ajoutez une cuiller à soupe de ce mélange à un litre d'eau et une demi-cuiller à café de savon noir liquide. Mélangez bien et mettez dans un bocal de verre. En cas d'invasion, prélevez une cuiller à soupe du précieux liquide et mélangez-le à un litre d'eau pour pulvériser. Et si d'aventure des punaises traînaient leurs guêtres dans le secteur, faites d'un *pschitt* deux coups !

Thrips

Les thrips sont des insectes allongés et minuscules avec des ailes qui ressemblent à des plumes. En Europe, ils opèrent surtout en serre, sur une gamme de plantes-hôtes qui ne cesse de s'étendre. Les pauvres victimes les plus fréquentes sont les chrysanthèmes, les gerberas, les rosiers et les saintpaulias que nous plaignons sincèrement.

Pour faire fuir ces terribles thrips, diluez une cuiller à soupe de savon noir liquide dans un litre d'eau chaude. Laissez refroidir et vaporisez les feuilles, pas les fleurs.

Ou

Faites leur goûter la *fast potion* anti-acariens et pulvérisez ces malotrus sans ménagement.

Fleurs

Les bulbes

Dans la cabane du jardin et au moment de la plantation, éloignez les rongeurs et autres prédateurs indésirables qui lorgnent sur vos bulbes avec des envies d'en faire leur quatre-heures. Repoussez ces appétences mal placées en vaporisant la terre autour des bulbes avec un cocktail détonnant plus *hot* qu'une soupe au piment thaï !

Mélangez trois cuillers à café de piment, une demi-cuiller à café de savon noir liquide avec deux verres d'eau et vaporisez la terre autour des bulbes.

Fuchsia

Les aleurodes adorent les fuchsias.

Pour les mettre en fuite, diluez une cuiller à soupe de savon noir dans cinq litres d'eau et donner-leur une bonne douche.

Pensées

Les mêmes aphididés – pucerons pour les intimes – qui peuvent propager le virus de la mosaïque du concombre, viennent parfois se nourrir de vos pensées – celles qui poussent dans votre jardin. Les autres, pour l'instant, sont protégées. Quoique, depuis *Minority Report*, on évite d'avoir des envies de meurtre, on ne sait jamais !

Donc, pour sauver vos pensées, vaporisez-les avec une cuiller à soupe de savon noir dilué dans un litre d'eau.

Roses

Vos magnifiques rosiers sont envahis par les pucerons et défigurés par de vilaines taches noires et l'oïdium.

En curatif, utilisez *l'insecticide universel renforcé* cité plus haut

Ou

Faites tremper une cuiller à café d'ail en poudre dans deux cuillers à café d'huile pendant 24 heures. Ajoutez un demi-litre d'eau et une demi-cuiller à café de savon noir liquide. Mélangez et conservez ce concentré dans un bocal en verre. Pour vaporiser les plantes, versez deux cuillers à soupe de cette mixture dans un vaporisateur, ajoutez un demi-litre d'eau. Avant d'attaquer, testez ce mélange sur une ou deux feuilles de la base pour vérifier s'il n'est pas trop fort. S'il l'est, ajoutez un quart de litre d'eau.

Contre l'oïdium et les taches noires

Aux premiers signes d'invasions cryptogamiques, mélangez une cuiller à soupe de bicarbonate et une cuiller à soupe de savon noir dans quatre litres d'eau et vaporisez les feuilles avec cette solution.

Renouveler la pulvérisation après la pluie ou l'arrosage des feuilles.

Ça marche aussi pour la vigne[84].

Ou

84. Williams Greg and Pat Williams : Sodium bicarbonate for control of mildew on grapes. *HortIdeas*, June 1997 ; p. 70.

Mélangez une demi-tasse de lait écrémé bio dans un litre d'eau. Ajoutez une demi-cuiller à café de savon noir liquide et vaporisez cette mixture sur les feuilles et les fruits tous les quinze jours jusqu'à ce que les fruits soient mûrs.

Et, dans l'urgence, un peu en aparté du savon noir, et pour éloigner les pucerons et les maladies comme l'oïdium et la tache noire des rosiers, enfoncez aussi une gousse d'ail au pied des plants.

Pour une protection à long terme et chasser les pucerons, faites comme Gabrielle, plantez de l'ail au pied des rosiers. Les fleurs seront plus belles et les pucerons prendront leurs jambes à leurs petits cous. L'oignon, la ciboulette ou l'échalote au pied des rosiers leur font le même effet[85].

Tulipes et jonquilles

Dans la cabane de jardin et avant de les planter, protégez vos bulbes en les vaporisant avec une cuiller à café de savon noir dans un litre d'eau. Les malheureux qui avaient échafaudé un plan repas en les regardant le regretteront amèrement.

Vous pouvez aussi corser les choses en leur concoctant votre petit cocktail *express* au piment.

Légumes

Les légumes seront protégés avec une bonne savonnée. Il n'existe aucun ravageur des jardins qui apprécie le savon noir. Tous le fuient comme la peste. Évidemment, ça ne dure pas. Il faut renouveler le traitement après chaque averse ou chaque arrosage.

Carottes

Pour massacrer la mouche de la carotte, préparez *la potion à l'ail anti-acariens* : ça marche aussi pour les mouches. Vaporisez les plantes envahies.

85. Inès Peyret, *Dictionnaire à tout faire du jardin*, Éd. du Dauphin, 2009.

Ou

Pour faire vite, préparez la *fast potion* anti-acariens qui découragera aussi les lapins. Vaporisez vos carottes pour dézinguer les mouches et dégoûter Jeannot.

Chou et crucifère

Les pauvres crucifères sont la proie des aleurodes, chenilles blanches, pucerons, teignes à crucifères et autres vers à chou qui leur gâchent la vie.

Mettez fin à leurs tourments avec une bonne douche au savon noir. Diluez une cuiller à soupe de savon noir dans un litre d'eau chaude. Laissez refroidir avant de traiter vos choux tôt le matin ou tard le soir. N'oubliez pas de vaporiser cette eau savonneuse sous les feuilles pour tuer les larves. Faites une pulvérisation par semaine pendant trois semaines à partir d'avril.

Concombre, courgettes et melons

Aphides

Pour faire déménager les pucerons, vecteurs du virus de la mosaïque du concombre qui touche aussi ses cousins la courgette et le melon, douchez vos cucurbitacées préférées avec votre savon noir liquide habituel. Diluez une cuiller à soupe de savon noir dans un litre d'eau chaude. Laissez refroidir et vaporisez soigneusement vos plantations.

Mildiou et taches noires

Pour refaire une beauté et une santé à vos cucurbitacées mélangez une cuiller à café de bicarbonate et une demi-cuiller à café de savon noir liquide dans un litre d'eau. Vaporisez les feuilles avec cette solution. Ça marche aussi pour la vigne[86].

Ou

86. Williams Greg and Pat Williams : Sodium bicarbonate for control of mildew on grapes. *HortIdeas*, June 1997 ; p. 70.

Mélangez une demi-tasse de lait écrémé bio dans un litre d'eau. Ajoutez une demi-cuiller à café de savon noir liquide et vaporisez cette mixture sur les feuilles et les fruits tous les quinze jours jusqu'à ce que les fruits soient mûrs.

Fèves et haricots

Pour bouter les pucerons noirs hors de vos plantations de fèves et haricots, diluez trois cuillers à soupe de savon noir dans cinq litres d'eau chaude. Laissez refroidir avant de vaporiser vos fèves et vos haricots avec cette préparation.

Ou

Préparez-leur une décoction de rhubarbe épicée au savon noir. Mettez cinq cents grammes de feuilles de rhubarbe fraîches dans trois litres d'eau froide pendant vingt-quatre heures. Faites bouillir pendant un quart d'heure. Laissez refroidir, filtrez, ajoutez deux cuillers à soupe de savon noir, mélangez et pulvérisez ces maudits pucerons.

Poireaux

Pucerons

Les pucerons font des misères à vos poireaux. Préparez-leur une mixture pas piquée des pucerons pour les occire sans coup férir. Diluez trois bonnes cuillers de savon noir en pâte dans cinq litres d'eau chaude. Laissez refroidir et pulvérisez vos poireaux avec cette mixture.

Teigne du poireau

Terrassez la teigne du poireau avec la *potion anti-acariens* et vaporisez les pauvres poireaux envahis.

Ou

Ressortez la recette de la *fast potion* anti-acariens et trucidez les teignes.

Pommes de terre

Les doryphores adorent les pommes de terre qui ne leur rendent pas. Et nous non plus, on n'adore pas ces petites bêtes-là. Pour dézinguer les doryphores, préparez-leur des décoctions qui les laisseront sans voix.

Les insectes ont horreur de l'ail et les doryphores confirment !

Faites macérer six cuillers à soupe de poudre d'ail dans une demi-tasse d'huile d'olive pendant 24 heures. Filtrez et ajoutez une cuiller à soupe de ce mélange à un litre d'eau et une demi-cuiller à café de savon noir liquide. Mélangez bien et mettez dans un bocal de verre. En cas d'invasion, prélevez une cuiller à soupe du précieux liquide et mélangez-le à un litre d'eau et arrosez les plants. Et plantez de l'ail près des pommes de terre pour ne plus avoir ce problème.

Ou

Essayez *une décoction de rhubarbe agrémentée de savon noir :*

Mettez cinq cents grammes de feuilles de rhubarbe fraîches dans trois litres d'eau froide pendant vingt-quatre heures. Puis faites bouillir pendant un quart d'heure. Laissez refroidir, filtrez, ajoutez deux cuillers à soupe de savon noir, mélangez et pulvérisez sans regrets.

Tomates

Les tomates sont les souffre-douleur des pucerons et des mouches blanches.

Essayez la décoction à la rhubarbe décrite ci-dessus et suffoquez les indésirables.

> ⚠ N'oubliez pas de bien laver les tomates avant de les inclure à vos recettes.

Fruits

Fraises

Les tarsonèmes du fraisier sont de très vilains acariens. Mettez-leur la raclée de leur vie avec la *potion anti-acariens*. Pulvérisez vos pauvres fraisiers dévastés.

Ou

Servez-leur la *fast-potion* anti-acariens à base de Cayenne et pulvérisez pour refroidir ces repoussants ravageurs.

Framboisiers

Les feuilles des framboisiers sont défigurées par des boursouflures. Les coupables de ces méfaits sont les pucerons et ou les acariens associés. Avant que les framboisiers ne sombrent dans la dépression, faites-leur un traitement esthétique avec une solution au savon noir. Diluez une ou deux cuillers à café de savon noir liquide dans un litre d'eau chaude. Laissez refroidir et versez dans un vaporisateur pour traiter les feuilles. Renouvelez l'opération tous les deux ou trois jours pendant deux semaines.

Groseilles et groseilles à maquereaux

Des aphididés affamées attaquent les groseilles et les groseilles à maquereaux au printemps. Une bonne petite douche au savon noir leur fera voir de quel bois se chauffe Giovanna quand on touche à ses groseilles.

Diluez une ou deux cuillers à café de savon noir liquide dans un litre d'eau chaude. Laissez refroidir, versez dans un vaporisateur et plombez ces pucerons.

Pommier, poirier, hêtre et bonsaï

Les pucerons laineux sont les ravageurs des pommiers, des poiriers, des hêtres et des bonsaïs.

Ces scélérats campent sous les feuilles et se nourrissent de sève sucrée. Les vieux arbres supportent relativement bien leurs attaques mais pour les jeunes plants, c'est différent. Leurs pauvres petites feuilles s'enroulent, se crispent autour du puceron, sèchent et meurent.

Dans les annales de l'horticulture en Amérique du Nord, un *Mister* Delacroix[87] recommande de suffoquer ces pucerons en frottant le tronc des arbres atteints avec du savon noir. Ou de laver les rameaux avec une solution au savon noir.

Vigne

Avec l'oïdium et les taches noires, impossible de porter des feuilles de vigne cet été. Pour ne pas vous retrouver dans la même situation embarrassante l'année prochaine, frappez un grand coup avec des préparations maison.

Un shampoing au bicarbonate et au savon noir

Contre les taches noires et l'oïdium de la vigne[88] mélangez une cuiller à café de bicarbonate[89] et une demi-cuiller de savon noir liquide dans un litre d'eau et vaporisez les feuilles avec cette solution.

Ou

Un lait de douche au savon noir: Mélangez une demi-tasse de lait écrémé bio dans un litre d'eau. Ajoutez une demi-cuiller à café de savon noir liquide et vaporisez cette mixture sur les feuilles et les fruits tous les quinze jours jusqu'à ce que les fruits soient

87. *Annals of horticulture in North America for the year 1893 : A Witness of Passing Events and a Record of Progress.*
88. Williams Greg and Pat Williams : Sodium bicarbonate for control of mildew on grapes. *HortIdeas*, June 1997 ; p. 70.
89. Williams Greg and Pat Williams : Sodium bicarbonate for control of mildew on grapes. *HortIdeas*, June 1997 ; p. 70. Moore, SR : Bicarbonates offer effective disease control, *Grower Talks*, February 1996 ; p. 72. Byczynski L : New ideas for a new year, *Growing for Market*, January 1995. Elmer WH and FJ Farandino : Managing powdery mildew of cucurbits, *The Natural Farmer*, Summer 1997 ; p. 26-27. Ziv O and A Hagiladi : Controlling powdery mildew in euonymus with polymer coatings and bicarbonate solutions, *HortScience*, 1993 ; 28(2):124-126. Hofstetter Bob : Homemade pesticides, *The New Farm*, February 1993 ; p. 14-16. Garrett J H : *Organic Manual*, Lantana Publishing Co. Dallas, 1989.

mûrs. Et dites *bye bye* aux insupportables invasions cryptogamiques.

Pour plus de trucs et astuces écologiques et naturels sur le jardinage, consultez *Le Dictionnaire à tout faire du Jardin*[90].

90. Inès Peyret, *Dictionnaire à tout faire du jardin*, Éd. du Dauphin, 2009.

HYGIÈNE ET BEAUTÉ

Héra, pour se donner de l'éclat avant de séduire Zeus, massait sa peau avec de l'huile d'olive. Et ça marchait ! Bon, on sait que Zeus était un garçon facile, mais plutôt avec les nymphes et les mortelles de passage qu'avec sa femme.

L'huile d'olive est associée à la beauté depuis l'Antiquité. En Égypte, elle était utilisée pour l'alimentation, l'embaumement des morts – les momies de la vingtième dynastie (1200 à 1090 avant Jésus-Christ) sont décorées avec des guirlandes tressées de rameaux d'olivier – et pour la cosmétique. Elle était la base des huiles parfumées au jasmin, à la rose, à la myrrhe, aux épices et autres délices. Les hommes et les femmes les utilisaient pour se parfumer, se faire masser et se faire une peau de rêve. Les Grecs n'étaient pas en reste, accros aux fioles d'huiles parfumées. Ils offraient ces cadeaux de prix aux hôtes de passage, comme Nausicaa qui donne une fiole d'huile et des vêtements neufs à ce vieux bourlingueur d'Ulysse, après son naufrage. Ulysse tout ragaillardi, s'écrie : « Je me laverai de l'écume qui couvre mes épaules et m'enduirai de cette huile que depuis si longtemps ma peau n'a pas connue ». Quand ils allaient aux bains, les Grecs fortunés amenaient dans leur petite trousse leur petite fiole d'huiles parfumées et se faisaient masser par des servantes après leur toilette. D'ailleurs dans ses *Caractères*, Théophraste se moque de l'avare qui vient au bain avec une trop petite fiole, ou pire, avec une huile rance : « 'Vous m'achetez toujours, dit-il au jeune esclave qui le sert dans le bain, une mauvaise huile, et qu'on ne peut supporter' : il se sert ensuite de l'huile d'un autre et épargne la sienne[91]. »

91. *De l'impudent ou de celui qui ne rougit de rien – Les Caractères de Théophrastes*, Jean de la Bruyère : *Les Caractères*, 1688.

On sait aujourd'hui qu'Héra et tous ses petits camarades antiques avaient raison[92]. Le profil lipidique de l'huile d'olive est très semblable à celui de la peau de l'être humain. Très riche en acides gras mono-insaturés[93], elle pénètre particulièrement bien l'épiderme et le protège en surface en reconstituant son film hydrolipidique. Elle rend la peau plus souple et plus douce, mais aussi plus éclatante. Et soulage les petits bobos – dartres, gerçures et autres irritations de l'épiderme.

Pas étonnant que les alchimistes arabes aient eu la riche idée d'utiliser l'huile d'olive pour faire du savon noir. Mou d'abord puis dur. Ce sont eux aussi qui ont inventé la savonnette, plus facile à transporter pour les voyages.

92. Viola P, Viola M : *Virgin olive oil as a fundamental nutritional component and skin protector*, Clin Dermatol. 2009 Mar-Apr ; 27(2):159-65.
93. 76 % d'acide oléique et en plus des polyphénols, une proportion importante de vitamine E.

Le savon du hammam

Bien avant d'emporter leurs Manolos (Blahnik) à Marrakech, (officiellement Abu Dhabi dans le film), les filles de *Sex and the City* avaient déjà testé le rituel de beauté du hammam dans la série télévisée. D'ailleurs, ces soins sont hyperbranchés depuis les *Mille et Une nuits*. Le conte d'Abou Kir et Abou Sir par exemple, c'est le hammam mode d'emploi ! Shéhérazade raconte à son psychopathe de mari que lorsqu'Abou Sir arrive dans une ville sans hammam, il est stupéfait que ses habitants, y compris le roi, ne connaissent rien des bains chauds, de l'épilation, de l'exfoliation ni des massages vigoureux. Abou Sir explique au roi que le hammam, c'est l'endroit où on se lave et élimine toutes les impuretés et les peaux mortes. Mais c'est bien plus que ça, c'est « le paradis sur terre » ; et aucune ville n'est parfaite tant qu'elle ne possède pas un hammam. Piqué dans son orgueil, le roi lui demande de construire le plus beau hammam du monde. Et lorsqu'enfin le roi peut goûter aux délices de ce sanctuaire de la beauté à l'orientale – savonnage de la tête aux pieds, rinçage à l'eau de rose, massage et séchage avec des serviettes parfumées au musc et dégustation de sorbet à la neige – il en sort complètement ragaillardi, léger comme un oiseau et fort comme un lion, au point d'avoir envie de rugir. Ce n'est pas comme le copain de Raymond après son expérience à Istanbul, qui après avoir été lessivé, frotté, briqué, essoré, délesté de ses peaux mortes et même de peau qu'il voulait garder, pétri, palpé, trituré, massé, tordu, plié dans tous les sens – avec les bras tirés en arrière – pratiquement désossé, en est ressorti complètement traumatisé, au bord de l'évanouissement, le teint verdâtre et le pas chancelant. Les hommes sont si fragiles parfois. Michèle a mieux supporté le même traitement à Aqaba.

C'est Mahomet qui, après avoir adopté avec enthousiasme les bains de vapeur, a lancé la mode du hammam. Avant lui, les Arabes se lavaient à l'eau froide. Au VIIe siècle, alors que les étuves grecques et les thermes romains avaient sombré dans l'oubli et l'Europe dans la crasse, les Arabes ont adopté les bains de vapeur avec enthousiasme. Le savon noir spécial hammam – *sabun al-baldi* ou savon de campagne[94] – est un savon à l'huile d'olive noire. Il date lui aussi du 7e siècle[95]. Au temps de la splendeur de Bagdad – du VIIe au XIe siècle – on comptait plus de trois mille hammams dans la ville. Les personnages importants en faisaient installer dans leurs palais. Quant aux bains publics, les prix d'entrée permettaient à tout le monde d'en profiter. « Je demande à chacun le soin de payer selon son rang » dit un calife des *Mille et une nuits*. Il faut quand même attendre Avicenne, le philosophe et le plus célèbre médecin arabe du Moyen Âge, pour que le hammam ouvre ses portes aux femmes.

---

94. Souvent le terme al-baldi implique authenticité et bonne qualité », Driss Cherkaoui : The story of the human being, the woodcutter: the anatomy of a traditional Moroccan oral tale, The Journal of North African Studies, Spring 2004; 9(1):78-103.

95. Salim T. S. Al-Hassani : *1001 Inventions Book Muslim Heritage in Our World*, FSTC; 2nd edition, 16 Nov 2007. Hassan, Ahmad Y : Technology Transfer in the Chemical Industries. History of Science and Technology in Islam. In: *Cultural Contacta in Building a Universal Civilization: Islamic Contributions*, E. Ihsanoglu (editor), IRCICA, Istanbul, 2005.

Le bain et la douche

« Le savon noir sur ses seins blancs
Avoue baignoire que c'est troublant
Ho ho, avoue c'est troublant. »[96]

Voilà qui est rassurant. On était un peu triste d'abandonner nos bains moussants de star pour le savon noir. Mais s'il fait cet effet à Julien, alors nous, on fonce !

La couleur du savon noir peut varier du vert au marron ou au noir, cela dépend souvent de l'huile utilisée à la base et de la composition.

Audrey Guyot, de Terre d'Oc, explique que, contrairement aux savons exfoliants auxquels on ajoute des petits grains pour obtenir une exfoliation mécanique, le savon noir produit naturellement une exfoliation chimique. La peau a un pH aux environs de 5.5 et le savon noir un pH entre 8.5 et 9 – donc plus basique que celui de la peau. Ce pH provoque une réaction d'exfoliation chimique qui permet d'éliminer toutes les cellules mortes. Pour faire peau neuve, faites suivre cette exfoliation chimique par un gommage

96. Julien Clerc, *Hélène* dans Les aventures à l'eau, Virgin, 1987.

mécanique au gant de *kissa* – ou *kiss* ou *kessa,* gant de gommage traditionnel – comme au hammam. Sinon, un gant de gommage ordinaire ou la fleur de douche de Barnabé ou de Timothée feront l'affaire. Et là, après un frottage énergique avec l'accessoire mécanique de votre choix, vous serez horrifiée par la quantité de peaux mortes éliminées. Vous risquez même de vous demander si votre capital cutané restant n'a pas été sérieusement atteint. Après un check-up complet, vous constaterez que la couche de derme préservée est dans les normes requises pour vous éviter une greffe et qu'en plus, elle a retrouvé une douceur extrême égarée depuis des années et un grain incroyablement affiné.

⚠ La durée de vie de ce savon noir est de trois à quatre mois.

Quelques recettes pour enrichir votre savon

Si vous avez envie d'améliorer l'ordinaire comme les Marocaines quand elles vont au hammam, vous pouvez essayer ces petites recettes.

Savon noir au henné neutre et au thé vert

Dans sa trousse pour le hammam, Hasida met du savon noir neutre – traditionnellement le savon noir parfumé aux huiles essentielles est utilisé après le bain –, du henné neutre et un peu de thé vert.

Voilà comment procéder : on se prépare un petit thé vert – sans sucre – on en boit la plus grande partie et avec le reste, on mélange le savon noir et le henné. On applique cette préparation sur notre peau mouillée, on laisse poser, on frotte et on rince pour avoir une peau de rêve. Merci Hasida !

Savon noir enrichi aux huiles végétales

Vous pouvez, si vous avez la peau sèche, ajoutez un peu de votre huile corporelle habituelle à votre savon noir avant de vous en servir.

L'huile d'argan, non torréfiée pour conserver ses vitamines et issue de première pression à froid, est la préférée des Marocaines pour la peau. Hasida vous dira que c'est l'arme antirides par excellence. Très riche en vitamine E et en acides gras essentiels, elle assouplit et prévient le dessèchement de la peau. Zoubida Charrouf, chercheuse à l'université Mohamed V à Rabat et qui a créé la coopérative Adjjigue, explique que si les vertus aphrodisiaques de l'huile d'argan sont contestables, ses effets régénérants sur la peau et son utilisation comme agent anti-inflammatoire sont scientifiquement prouvés[97]. D'ailleurs, ses recherches ont fait prendre conscience de la valeur de cette huile qui fera une peau de soie.

Savon noir enrichi à l'huile d'olive

Ajoutez un peu d'huile d'olive vierge extra dans votre savon noir. Riche en vitamine A, vitamine E, en acides gras mono insaturés principalement l'acide oléique et en poly phénols c'est un puissant antioxydant et une arme redoutable contre le vieillissement cutané. Votre peau repulpée retrouvera avec bonheur son élasticité et sa tonicité.

Savon noir enrichi aux eaux florales

Eau de fleur d'oranger

Fruitée et florale avec une note sucrée, douce et enivrante. Elle apaise le corps et l'esprit. Et régénère les peaux raplapla. Les jours de fête, vous pouvez vous laisser aller à l'associer à l'Huile Essentielle de néroli ou d'orange amère parce que vous le valez bien !

---

97. Luis B. Rojas, Stéphane Quideau, Patrick Pardon and Zoubida Charrouf : Colorimetric Evaluation of Phenolic Content and GC-MS Characterization of Phenolic Composition of Alimentary and Cosmetic Argan Oil and Press Cake, J. Agric. *Food Chem.*, 2005, 53 (23), pp. 9122-9127.

Eau de rose

Faites comme Abou Sir dans *les Mille et Une nuits* et abusez de l'eau de rose pour son parfum et son action antirides, régénérante, apaisante pour les rougeurs et calmante des réactions allergiques. Et si le cœur vous en dit, rien ne vous empêche d'ajouter de l'Huile Essentielle de rose à votre savon.

Savon noir enrichi aux Huiles Essentielles

On l'utilise après le bain. Le premier lavage se fait avec du savon noir neutre. Ceci dit, c'est vous qui décidez. Si vous avez envie de vous laver au savon noir parfumé, c'est votre droit !

Au Maroc, il est associé à l'eucalyptus. Mais rien ne vous empêche d'innover et d'agrémenter votre savon noir avec quelques gouttes d'Huile Essentielle de rose, de bois de rose, de lavande, de néroli, ou d'autres huiles qui vous font du bien.

Dans un bol en plastique – pour éviter les dégâts s'il tombe dans la douche – mettez une cuiller à soupe de savon noir. Ajoutez six gouttes d'Huile Essentielle de votre choix et mélangez. Passez sous la douche, puis étalez votre mixture sur le corps et le visage (en évitant le contour des yeux). Faites mousser en frictionnant, avec des mouvements circulaires. Repassez sous la douche pour rincer tous les résidus, essuyez-vous et terminez en vous enduisant d'huile d'argan ou de votre produit préféré.

Gommage au savon noir à l'Huile Essentielle d'eucalyptus

Faites comme au Maroc, ajoutez 6 gouttes d'Huile Essentielle d'*eucalyptus globulus* pour un petit gommage hebdomadaire. Cette Huile Essentielle dégage les voies respiratoires, stimule la cicatrisation, elle est antimicrobienne et antibactérienne, positivante et rafraîchissante.

Sinon, ajoutez un de ses cousins citronné ou mentholé si vous préférez – à votre savon noir et mélangez.

Programmez ce gommage quelques jours avant une épilation car il permet aux poils sous cutanés de sortir plus facilement.

Ou exfoliez-vous de la tête aux pieds avant d'appliquer de l'autobronzant.

Votre peau sera toute douce, et en prime vous aurez les cloisons nasales et les sinus dégagés.

Savon noir à l'Huile Essentielle de bois de rose

L'Huile Essentielle de bois de rose est un vrai trésor pour le soin des rides, des peaux fatiguées, irritées. C'est un rajeunisseur tissulaire qui favorise la cicatrisation, améliore les vergetures. Elle combat les infections ORL, la dépression et le surmenage. La mauvaise nouvelle, c'est qu'elle ne fait pas la lessive et le repassage, mais on ne lui en veut pas. *Nobody's perfect!*

Savon noir à l'Huile Essentielle de laurier noble

L'Huile Essentielle de laurier noble combat l'acné, les mycoses et les bactéries et elle active la circulation lymphatique et stimule la circulation cérébrale, donc ça ne peut pas vous faire de mal !

Savon noir à l'Huile Essentielle de lavande vraie

L'Huile Essentielle de lavande vous rappellera les vacances en Provence. Elle favorise la cicatrisation des petites plaies, coupures, brûlures, donc parfaite pour les accidents de rasage de Raymond. Elle combat les affections cutanées – dont l'acné et l'eczéma – ainsi que le stress.

Savon noir à l'Huile Essentielle d'oranger amer ou petit grain bigarade

Cette Huile Essentielle est parfaite si vous êtes stressée et que vous avez de l'acné. Un petit massage avec cette préparation vous fera le plus grand bien. L'Huile Essentielle d'oranger amer est apaisante, elle a une action drainante, anti-inflammatoire cutanée, revitalisante, etc.

Savon noir à l'Huile Essentielle de romarin

L'Huile Essentielle de romarin dégage les voies respiratoires, lutte contre les bactéries et les champignons peu fréquentables, la fatigue, le surmenage physique et intellectuel et elle stimule la circulation. Cette liste de ses vertus n'est pas exhaustive.

Savon noir à l'Huile Essentielle de néroli

La duchesse de Néroli, qui a donné son nom à l'Huile Essentielle éponyme, l'utilisait pour parfumer ses gants. Mais son odeur est sans doute la moindre de ses qualités comparée à ses bienfaits pour les peaux sensibles, fatiguées, ridées. C'est aussi un aphrodisiaque qui donne, en supplément, un petit regain de vitalité. Exactement ce qu'il nous faut !

Savon noir à l'Huile Essentielle de rose

L'Huile Essentielle de rose est un astringent, un tonique cutané, un régénérant et un antirides, un antiseptique, un tonique nerveux, un antidépresseur et un aphrodisiaque. Alors pourquoi vous en priver ?

Le hammam at *home*

Maintenant que tout est prêt, on peut se faire un soin spécial inspiré du hammam. Évidemment, ça ne vaut pas une visite dans un authentique bain de vapeur, mais en attendant, on peut se chouchouter en imaginant qu'on est Marrakech.

On prépare :

Une cuiller à soupe de savon noir – enrichi ou pas. **Évitez de mettre la main dans le pot de savon noir, sinon il va se liquéfier. Utilisez toujours une cuiller pour prélever la quantité nécessaire**.

Un gant de gommage *kessa* – en crêpe[98] grenu et peu rugueux, il exfolie en douceur – ou ce que vous utilisez d'habitude pour une exfoliation mécanique.

98. Le crêpe est un tissu granuleux obtenu en utilisant un fil surtordu – laine, soie, coton ou synthétique.

En option : du *rhassoul* – ou *ghassoul* mais qui se prononce *rhassoul*, de l'arabe *ghassala,* laver. C'est une argile saponifère dont l'unique gisement actuellement connu au monde se trouve au Maroc et dont l'exploitation remonte au XIIIe siècle. Mettez le *rhassoul* dans un bol. Diluez avec de l'eau minérale tiède ou de l'eau de rose ou de fleur d'oranger.

De l'huile d'argan – si vous n'en avez pas, de l'huile d'amande douce ou de sésame ou du beurre de karité ou ce que vous avez dans votre *vanity*.

Et, pour être aussi belle à l'intérieur qu'à l'extérieur, un petit thé à la menthe. Si vous préférez un bon *tchai* ou une citronnade, pas de problème. On ne dira rien à personne, promis, juré.

On met une cuiller à soupe de savon noir – enrichi ou pas – dans un bol. On prend une bonne douche bien chaude, puis on s'enduit soigneusement le visage en évitant le contour des yeux et le corps de savon noir. On attend un quart d'heure, bien installée, heureuse et épanouie. Profitez-en, parce qu'après ce moment de détente, on passe à l'étape sportive du gommage. Et là on ne rigole pas. Le savon a vaillamment fait son exfoliation chimique, mais comme il ne peut pas tout faire tout seul, on doit prendre le relais pour l'exfoliation mécanique de nos pauvres peaux mortes. Armée de notre gant, on frotte en commençant par la plante des pieds pour arriver jusqu'au cou. Et on frotte encore. Et on s'applique à faire de jolis petits mouvements circulaires en insistant longuement sur chaque parcelle de peau, mais sans violence, on n'est pas en train de récurer une casserole ! Très vite on voit des petits vermicelles se former. C'est le savon noir qui emporte avec lui nos cellules cutanées décédées. Après ces efforts, on se rince à l'eau tiède. Pour un total soin, on se fait un masque au *rhassoul,* visage et corps. On laisse poser quelques minutes, on rince, on s'essuie et on termine par un massage à l'huile d'argan – ou mieux, on demande à Raymond de le faire – pour avoir une peau satinéeeeeeeeee.

Les mains

Les Mésopotamiens savaient l'importance de l'hygiène personnelle pour prévenir certaines maladies : « S'il se frotte les yeux avec des mains sales, aussi longtemps qu'il vivra, ses yeux seront douloureux… S'il se lave les mains avant de se frotter les yeux, il aura un esprit protecteur.[99] »

Le savon noir à l'huile d'olive fait les mains propres et toutes douces.

Mais c'est aussi le savon pour les mains très sales, comme celles des mécaniciens. Autrefois, il y avait du savon noir dans tous les garages. Rien de tel pour supprimer les traces de graisse, de cambouis et de peinture.

Si les mains sont vraiment très, très sales, enduisez-les de savon noir, puis frottez-les avec du sucre avant de les rincer.

Ou

Lavez-vous les mains avec de l'eau et du savon noir, faites bien mousser puis ajoutez du sel et frottez vigoureusement avant de rincer.

Ou

Étalez le savon noir, prenez une poignée de sable et frottez-vous les mains dans tous les sens avec cet abrasif efficace. Rincez et relavez-vous les mains avec du savon noir sans sable.

Il existe aussi un savon noir avec des noyaux d'abricots broyés, parfait pour laver toutes les traces du jardinage ou du bricolage.

99. Scurlock e. al. (tr) : *Diagnoses in Assyrian and Babylonian Medicine*, Chicago : University of Illinois Press, 2005.

Les ongles

C'est bien connu, un petit bain hebdomadaire à l'huile d'olive fait de beaux ongles. Pour renforcer cette action au quotidien, et avoir des ongles solides et plus blancs, frottez-les tous les jours avec du savon noir.

Les pieds

Un soir où vous serez seule et sûre de ne pas être dérangée, faites-vous des pieds doux comme de la soie avec le savon noir. Il vous faut : une cuvette, de l'eau chaude, une poignée du sel marin, une pierre ponce, une serviette, de l'huile d'argan ou d'olive, deux sacs plastiques et des chaussettes. Prévoyez aussi un petit thé, le téléphone, la télécommande et tout ce dont vous avez besoin à portée de main.

Commencez par prendre un bon bain de pieds dans la cuvette d'eau salée. Puis enduisez vos petits petons de savon noir. Laissez poser un bon quart d'heure et surtout ne bougez pas ! Frottez énergiquement avec la pierre ponce. Rincez, séchez et enduisez vos pieds rénovés de votre huile préférée, mettez chaque pied dans un sac plastique et enfilez vos chaussettes. Une heure plus tard, constatez le miracle !

Le visage

Zola n'était pas un fan du savon noir. Dans *Germinal*, il écrit : « Catherine, quinze ans, est une jeune fille fluette aux cheveux roux. Le teint blême de son visage était déjà gâté par les continuels lavages au savon noir ».

Après renseignements pris auprès de Juliette, Hasida et Paul le chimiste, on ne risque rien. Catherine Maheu utilisait du savon noir de mauvaise qualité de l'époque qui aurait dû être réservé au ménage.

Lavage et gommage

Un petit gommage du visage au savon noir une fois par semaine – ou plus si affinités – exfolie en douceur.

Mouillez la peau, appliquez le savon noir en évitant les zones sensibles comme le contour des yeux et des lèvres.

Frottez avec les mains ou une petite brosse douce spéciale visage, rincez et faites-vous un massage à l'huile d'argan ou avec votre crème de soin habituelle.

Et comme on n'est pas sexiste, on va partager ce soin avec Raymond qui va adorer s'exfolier.

Rasage

Après ce soin, il aura le poil fièrement dressé prêt à affronter les quatre lames sans mollir et les pores grands ouverts, bref les conditions idéales pour se raser de près. Là, on lui conseillera le savon noir à l'eucalyptus, dont les vertus cicatrisantes seront parfaites en cas de coupures.

Et nous, on l'utilisera pour se raser les jambes !

Pendant cette opération, on se souviendra avec émotion que le savon à barbe est lui aussi une invention des alchimistes arabes et qu'en 981 de notre ère, il était vendu trois Dirhams (0.3 Dinars)[100].

Les cheveux

Certaines mauvaises langues affirment que les Gaulois n'étaient pas tous de vrais blonds. Encore une certitude qui s'écroule. Cette pipelette de Pline par exemple, dans ses potins mondains, lâche le morceau : « On emploie aussi le savon inventé dans les Gaules pour rendre les cheveux blonds, il se prépare avec du suif

100. Salim T. S. Al-Hassani : *1 001 Inventions Book Muslim Heritage in Our World, FSTC* ; 2nd édition, 16 Nov 2007.

et des cendres ; le meilleur se fait avec des cendres de hêtre et du suif de chèvre ; il est de deux sortes, mou et liquide. L'un et l'autre sont en usage chez les Germains et les hommes s'en servent plus que les femmes[101]. » Martial, en 103 avant Jésus-Christ confirme : « On emprunte le savon caustique des Teutons pour se rendre la chevelure rutilante. »

Près de deux mille ans plus tard, Zola confirme dans *Germinal* que le père de Catherine : « Lui [Toussaint Maheu], tout nu, accroupi devant le baquet, y avait d'abord plongé sa tête, frottée de ce savon noir dont l'usage séculaire décolore et jaunit les cheveux de la race[102]. »

Avouez qu'il y a carrément de quoi être sérieusement perturbé par ce faisceau d'indices probants et concordants confirmant le *scoop* de nos commères romaines.

Après renseignements pris auprès des mêmes spécialistes, la réponse est la même : c'était du savon pour le ménage, parfait pour décaper le sol mais trop corrosif pour les cheveux.

Le savon noir à l'huile d'olive pour le corps ne risque pas de donner ce résultat. Par contre, il vaut mieux le réserver aux cheveux courts à tendance grasse.

Si vous êtes en panne de gel, pour une soirée punk, il vous fera une crête à tomber et si en plus vous soignez le look avec du colorant alimentaire, vous serez le Zeus de la *teuf*.

101. Pline l'Ancien : *Histoire Naturelle*, Livre LLXVIII, Chapitre 2 : Pour les amygdales et contre les goitres.
102. Émile Zola : *Germinal*, Livre de Poche. 1971.

Les savons noirs durs

Les premières savonnettes ont fait un malheur. Il faut dire qu'elles étaient tellement plus pratiques à transporter, mais ces petites merveilles étaient très lourdement imposées. La soude qui remplace la potasse dans la fabrication des savonnettes, leur donne leur dureté. Quant à la couleur, elle dépend des matières grasses utilisées.

Le savon noir des geishas

Pour être belles, les geishas ne lésinent pas. Rien que pour se faire les ongles, elles mettent sept couches de vernis !

Certaines de leurs recettes sont un peu surprenantes, comme le masque à la fiente de rossignol, qui paraît-il fait ses preuves depuis des centaines d'années. Testé et approuvé par Victoria Beckham dans sa version relookée et stérilisée, il fait fureur au spa Shizuka de New York pour 180 dollars. Un autre secret, plus accessible et nettement plus engageant, c'est le savon noir au charbon de bois de bambou. Le charbon de bois en général et celui de bambou en particulier, sont utilisés comme désinfectants de l'air et de l'eau. Dans la pharmacopée occidentale, le charbon de bois est prescrit, entre autres, pour les problèmes digestifs – Stéphane en sait quelque chose !

Au Japon, on trouve le charbon de bois de bambou en cuisine, surtout dans l'eau du thé, l'eau de cuisson du riz pour son apport en sels minéraux – calcium, potassium, magnésium et sodium. Les Japonaises l'emploient comme alternative au sel, l'ajoutent à leurs recettes de viande et de poisson pour apporter une note douce à leurs plats, et dans le pain, dont il améliore la digestion et la conservation.

C'est ce même charbon de bois qui donne sa couleur noire au savon favori des Geishas. Il bannit les boutons et les petites imperfections qui ternissent leur teint de porcelaine. L'un des plus vendus au Japon aujourd'hui est le *deitanseki*.

Le savon noir au charbon de bois de bambou n'est pas toujours facile à trouver en Europe, mais la marque britannique *Lush* propose un savon noir au charbon et à la racine de réglisse : le *Ramoneur.*

Le savon noir à l'huile de nigelle

Dans les pays du golfe Persique, le savon noir au charbon de bois est enrichi à l'huile de nigelle. Aussi appelée cumin noir ou cheveu-de-Vénus, cette plante aromatique de la famille des renonculacées est utilisée depuis l'Antiquité pour ses propriétés cosmétiques. C'est un raffermissant cutané et elle possède des propriétés adoucissantes, hydratantes et apaisantes. Elle faisait partie de la pharmacie des Pharaons. Inutile de préciser que ces deux *gigas fashionistas* de Cléopâtre et de Néfertiti s'en servaient pour sublimer leur beauté. Mais son plus fervent fan, c'était Mahomet, pour qui elle avait le profil de panacée universelle : « L'huile de cumin noir guérit toutes les maladies sauf la mort. ». Difficile de trouver mieux comme slogan publicitaire !

> ⚠ Contrairement au savon noir à l'huile d'olive, le savon noir au charbon de bois tache. Si vous utilisez un gant de toilette, mieux vaut en prendre un noir. Non seulement il sera assorti à votre savon – comble du raffinement – mais il aura aussi meilleure mine qu'un gant clair devenu noirâtre ou grisâtre après vos ablutions. Il laisse aussi des traînées noires dans le lavabo, qui disparaîtront avec un petit coup de savon noir – sans charbon !

Les savons noirs africains

« Elle avait sa caisse à vêtements sur un tabouret. De l'autre côté de la chambre, il y avait des pots d'huile de palme solide avec laquelle elle faisait du savon noir. » Chinua Achebe[103].

Les savons noirs africains les plus connus sont ceux du Nigeria – *Ose Dudu* – et du Ghana – *Alata Samina*, *Anago Samina*[104]. Mais chaque région et chaque tribu ont leur propre recette, transmise de génération en génération. Sa couleur – souvent marron très foncé – varie selon les régions où il est fabriqué et suivant la disponibilité des ingrédients. Près des côtes, il contient un pourcentage d'huile de coco plus élevé, alors que le savon de l'intérieur des terres contient plus de beurre de karité, comme celui d'Honorine, la maman de Jean-Marie qui fabrique toujours son savon au Burkina Faso. Jean-Marie explique que faire du savon, c'est très facile. Après la récolte du mil ou des haricots couvre-sols, on brûle les plants qui restent. On peut aussi brûler des feuilles de bananier, la peau et les feuilles de bananes plantains, les feuilles et écorces de palmistes, des gousses de cacao, des écorces du karité, etc. Puis on prend les cendres et on les mélange avec des matières grasses végétales locales – du beurre de karité ou de cacao, de l'huile de coco ou de palme. Les femmes tournent cette mixture à la main pendant une journée au moins avant d'en faire des pains de savon qui sécheront pendant deux semaines. Fabriqué de manière artisanale, son aspect est granuleux, brut. Au contact de l'eau, il devient gélatineux. C'est un

103. Chinua Achebe : *No Longer at Ease*, Macmillan,1960.
104. Alata ou Anago fait référence aux peuples du Nord du Ghana, surtout de la tribu Hausa.

savon surgras car il contient un taux élevé de glycérine et qui, de ce fait, absorbe rapidement l'humidité de l'air. Il s'utilise pour la peau et les cheveux qu'il laisse propres, doux, hydratés et sains. Le savon noir africain de qualité est entièrement naturel, sans additif chimique, colorants, parfum ou conservateur. Il est parfaitement toléré par les peaux les plus sensibles, y compris celles des bébés. Privilégiez les savons issus du commerce équitable qui utilisent des produits bios, favorisent le travail des femmes et l'éducation des enfants.

Le savon noir des STARS

Le savon noir des *STARS* a été immortalisé au cinéma par Woody Allen dans *Annie Hall*. « Elle se lavait le visage huit cents fois par jour avec du savon noir. Ne me demandez pas pourquoi » raconte Alvy à propos d'Annie. Le savon dont il est question est à base de boue marine qui lui donne sa couleur. Son créateur, le dermatologue hongrois Erno Laszlo, l'a prescrit depuis les années 1940 à toute la planète *people :* Greta Garbo, la Duchesse de Windsor, Gloria Vanderbilt, Truman Capote, The Bégum Aga Khan, le Duc de Windsor, sans doute amené par sa Wallis adorée, Audrey Hepburn, Katherine Hepburn, Yul Brynner, Hubert de Givenchy, Jacky Kennedy, Marilyn Monroe, Ava Gardner – qui a failli se faire virer, *mama mia*, imaginez un peu la cata, pour cause de non-respect du régime dermatologique prescrit ! –, Barbra Streisand, Yoko Ono, Madonna, Sting, Diane Keaton – la fameuse Annie Hall – et… Woody *himself*. Le club très fermé des patients du bon docteur comptait plus de trois mille membres.

Son savon – ainsi que toute sa gamme de produits – est toujours en vente et fait toujours de nombreux adeptes. La bonne nouvelle, c'est qu'il est disponible sans ordonnance. La mauvaise nouvelle, c'est son prix aux alentours de 39 dollars.

Et si par hasard, on ne sait jamais, vous aviez besoin d'une arme rapidement, mais que vous n'avez pas un savon noir à 39 dollars sous la main pour le sculpter en forme de pistolet, vous pouvez faire comme Woody dans *Prends l'oseille et barre-toi* : prenez un savon blanc et recouvrez-le de cirage noir pour le faire ressembler à un *gun*.

SANTÉ

« Le fait est que je me grattais tout le temps la tête [...]. Mon Dieu qu'elle dit ma mère, mais c'est des totos [...]. On m'a rasé la tête et on l'a brossée au savon noir[105]. » Queneau.

En 2500 avant Jésus-Christ, le préposé aux écritures cunéiformes à Babylone a soigneusement consigné sur ses petites tablettes de terre les utilisations médicinales du savon.

Il semble bien que depuis le début, le savon ait eu droit à une place de choix dans la mallette des médecins. Claudius Galenus – Galien pour ses copains – star de la médecine hellène au deuxième siècle après Jésus-Christ, recommande de se laver au savon pour prévenir certaines maladies – en particulier, les maladies dermatologiques – et aussi pour débarrasser le corps et les vêtements de leurs impuretés. Pour lui, il n'y a pas photo : les meilleurs savons de son temps sont les savons germains – les plus purs et les plus gras – talonnés de près par les savons gaulois[106]. Le savon germain était mou, fabriqué avec de la cendre de plantes terrestres contenant de la potasse végétale. Le savon gaulois, fabriqué à Narbonne, était dur, à base de cendre de plantes marines contenant de la soude[107].

---

105. Queneau, *Loin Rueil*, 1944.
106. Partington, James Riddick ; Bert S Hall (1999). *A History of Greek Fire and Gun Powder*. JHU Press. pp. 307.
107. Kopp H : *Geschichte der chemie*, Brunswick, 1847.

Au Moyen Âge, les médecins arabes qui ont le vent en poupe, encouragent vivement le savon pour se soigner. Dans leurs manuels, ils décrivent avec force détails comment l'utiliser et donnent la préférence au savon mou à l'huile d'olive plutôt qu'à celui à l'huile de ricin[108].

Au XVIe siècle en Angleterre, des cataplasmes au savon noir et au safran sur le nombril sont supposés soulager les problèmes de prostate[109].

Avec le temps, il est mis à contribution pour soigner à peu près tout, il est même prescrit en interne pour traiter la jaunisse et les calculs biliaires. Giovanna, qui a catégoriquement refusé d'essayer, a préféré laisser au Dr Roullé le soin de l'opérer !

Au XVIIIe siècle en Allemagne, le très prudent apothicaire Samuel Hahnemann indique qu'un bon savon médicinal ne doit pas avoir d'odeur désagréable et doit se dissoudre parfaitement dans de l'eau distillée sans gouttes d'huile à la surface.[110] » Il passe en revue toutes les applications médicales du savon de son époque et recommande de les aborder avec plus de méfiance que de foi. « L'homme ordinaire qui avale une grande portion de savon noir dilué dans de l'eau distillée pour traiter la jaunisse fait là une tentative très dangereuse à ses risques et périls. » Un seul bémol toutefois : il donne le feu vert pour le savon en lavements, dilué dans trente-deux parts d'eau.

L'Almanach de France de 1833, dans sa rubrique « Médecine domestique » affiche une foi plus grande dans les pouvoirs du savon noir. On y trouve une recette de contrepoison contre l'empoisonnement aux sels de cuivre, de vert-de-gris, etc. : Il faut mélanger de l'eau albumineuse, du gluten délayé dans du savon noir, du lait et une décoction de noix de galle. Et théoriquement, ça devrait marcher. Bien évidemment nous n'avons pas essayé et nous n'avons trouvé aucun volontaire pour le faire.

---

108. *Encyclopédia Iranica*, Ehsan Yarshater et al.ed , Columbia, NY, 1982. www.iranica.com/articles/soap.
109. *A booke of soveraigne approved medicines and remedies*, 1577.
110. Samuel Hahnemanns : *der Arzneigelahrtheit Doktors und Mitgliedes einiger gelehrten Gesellschaften, Apothekerlexikon*, Leipzig : Siegfried Lebrecht Crusius, 1793.

Ampoules

On ne le répétera jamais assez : il vaut mieux prévenir que guérir ! Alors dites stop aux ampoules et aux pauvres pieds irrités d'avoir trop marché, couru ou skié en mettant un peu de savon noir en pâte sur toute la partie de vos chaussettes en contact avec la plante des pieds et les zones sensibles sujettes aux ampoules. Ce n'est pas glamour, on ne vous le fait pas dire. Mais, si vous n'en parlez pas, cette protection discrète sera un secret jalousement gardé entre vous, vos chaussettes et vos pieds.

Engelures

Dans le *42e Parallèle*[111], John Dos Passos donne quelques recettes de grand-mère du temps de son enfance : « C'était Lizzie qui [...] mettait de l'arnica sur ses genoux quand il les écorchait et du savon noir sur ses engelures.

Échardes, épines et autres envahisseurs piquants

Savon noir

Pour retirer les échardes, épines ou limailles, prenez du savon noir en pâte, ajoutez un tout petit peu d'eau pour qu'il colle à la peau et recouvrez le tout avec un bandage. Mettez-vous au lit et après une bonne nuit de sommeil, vous découvrirez que l'intrus a été expulsé grâce au pouvoir lubrifiant et désinfectant du savon pendant que vous étiez dans les bras de Morphée.

Savon noir et sucre brun

Une variation sur le thème de la recette précédente consiste à ajouter du sucre brun au savon noir pour déloger sans pitié l'envahisseur de votre épiderme. Posez ce savon sucré sur l'écharde et

111. John Dos Passos : *Le 42e Parallèle*,

recouvrez-le avec un sparadrap bien serré. Le lendemain matin, si tout va bien, l'écharde sera sur le sparadrap. Et vous chanterez alléluia !

Grippe

Bain de pieds

Passez un savon à la grippe avec cette recette de grand-mère qui recommande un bain de pieds au savon noir.

Diluez quatre cuillers à soupe de savon noir dans une bassine d'eau aussi chaude que vos pieds pourront la supporter. Plongez-y vos petits petons pendant dix minutes, séchez-les et vous vous couchez bien au chaud dans votre petit lit douillet.

Lavage des mains

Dans *The Aviator*[112], le milliardaire excentrique Howard Hughes atteint de troubles obsessionnels compulsifs, se lave les mains sans cesse au savon noir. Et finalement, il n'avait pas tort. Avec la grippe A, la planète a pris conscience de l'importance de se laver les mains avec le plus grand soin.

Voyez les recommandations de l'OMS pour prévenir la grippe A[113], mais qui sont valables pour prévenir toutes les grippes, la gastro, et grand nombre d'autres contaminations :

Éviter tout contact étroit avec des gens qui ne semblent pas bien portants et qui présentent de la fièvre et une toux.

Se laver les mains à l'eau et au savon fréquemment et soigneusement.

Se laver les mains soigneusement à l'eau et au savon après chaque contact avec la personne malade.

112. Martin Scorsese, *The Aviator*, 2005.
113. *Comment puis-je me protéger contre la grippe A (H1N1) ?*

Se laver les mains à l'eau et au savon fréquemment et soigneusement, surtout après avoir toussé ou éternué.

Infection

Pour guérir les plaies infectées et les inflammations douloureuses diverses et variées, les grands-mères du Nebraska concoctaient des cataplasmes maison.

Si vous voulez essayer, mélangez du savon noir, du cognac et du sel en quantités égales et mettez-en sur les plaies infectées ou massez soigneusement les parties enflammées avec cette mixture deux fois par jour.

Furoncles

Les mêmes grands-mères préparaient des cataplasmes avec du savon noir et du miel pour faire mûrir les furoncles. Mélangez ce mélange en quantités égales et appliquez-le sur la 'catastrophe épidermique' deux fois par jour jusqu'à maturation.

Mains gercées

Pour réparer des mains gercées, plongez-les dans de l'eau chaude, enduisez-les de savon noir, mouillez-les, frottez et rincez.

Pied diabétique

Lavez les pieds abîmés par le diabète avec un gant de toilette très doux et du savon noir à l'huile d'olive qui n'irrite pas la peau, et ne contient pas de produits chimiques. N'utilisez pas de brosses, gant de crin ou d'autres produits irritants ou agressifs.

Piqûres d'insectes

Frottez du savon noir additionné d'un peu d'eau sur les piqûres pour soulager les démangeaisons. Ne rincez pas. Lorsque le savon sera sec, la peau sera anesthésiée.

DU SAVON NOIR POUR NOS ANIMAUX

Une légende de Pennsylvanie raconte qu'un fermier, infortuné propriétaire d'une affreuse vieille mule au caractère impossible prénommée Satan, avait décidé de la tuer. Pendant qu'il cherchait son fusil, Satan en a profité, une fois de plus, pour tout saccager dans la cour. Parmi les dégâts collatéraux de cette destruction massive, un tonneau rempli de savon noir. A ce jour, personne ne sait ce qui a poussé la méchante mule à engloutir le savon jusqu'à la dernière goutte mais après cet acte apparemment insensé un miracle s'est produit. L'horrible harpie est devenue douce comme un agneau, agréable, obéissante, et prête à travailler. Le fermier, surpris et ravi de ce changement inespéré, lui a laissé la vie sauve.

✦

Nous n'avons évidemment pas pu tester cette utilisation du savon noir. Aucun vétérinaire consulté à ce sujet n'a accepté de se prononcer. Et les vieilles mules caractérielles, du moins celles à quatre pattes, sont difficiles à trouver. Quant aux autres, comme celles qui vous gâchent la vie au bureau, il est impossible de leur faire avaler du savon noir, même sous la contrainte.

Une chose est sûre, c'est que le savon noir à l'huile d'olive est parfait pour la toilette des animaux domestiques et des animaux d'élevage.

Chiens et chats

Le savon noir à l'huile d'olive nettoie en douceur et fait briller le poil de vos petits compagnons domestiques canins et félins. Ce soin leur fait un pelage *glossy* qui brille de mille feux comme la chevelure des stars. Et le bonus, c'est qu'il aide à prévenir les allergies – comme l'eczéma, par exemple – et qu'il décourage les parasites.

Shampoing

Pour faire un petit shampoing à Sweetie et à Léo, Julie recommande de prendre une toute petite noisette de savon noir. Mouillez-les, frottez-les avec le savon noir, rincez-les à l'eau tiède et essuyez ces petits poilus avec une serviette éponge. Sauf si vous avez un jardin, auquel cas, Sweetie préférera s'ébrouer et courir pour se sécher toute seule, comme une grande.

Antiparasitaire

Pour débarrasser Sweetie des puces qui ont eu l'audace de l'envahir pendant les vacances, prenez une noisette – ou deux pour un grand chien – de savon noir. Mouillez-la et frottez-la avec le savon sur tout le corps. Rincez abondamment, renouvelez l'opération et laissez poser quelques minutes. Les puces qui survivront à la noyade vont aller, ventre à terre, se réfugier sur la tête de Sweetie. Il ne vous restera qu'à les enlever avec un peigne à puces. Rincez-la soigneusement et vaporisez-la avec deux cuillers à soupe de vinaigre dilué dans un litre d'eau. Laissez-la sécher à l'air libre.

Et, pour bonne mesure, ajoutez un peu de vinaigre à son bol d'eau. Les puces regretteront amèrement d'avoir choisi Sweetie pour cible.

Eczéma

Après plusieurs traitements sans résultats, un vétérinaire a recommandé le savon noir à l'huile d'olive pour soigner l'eczéma et les allergies de Patsy, le fox-terrier. Et ça a marché. Patsy, ravie, a arrêté de se gratter jusqu'au sang.

Petit matériel

Pour laver son petit manteau, sa serviette de toilette, sa corbeille, son tapis, ses écuelles et même Camel son doudou, bref tout son petit matériel, le savon noir est parfait. Il ne donnera pas d'allergies à Sweetie.

Chenil

Pour nettoyer le chenil, les recettes sont les mêmes que pour la maison : deux ou trois bouchons de savon noir dans un seau d'eau très chaude et un balai-brosse pour frotter.

Chevaux

Dans le *Dictionnaire raisonné universel des arts et métiers*[114], sous la rubrique *Palefrenier,* la définition des tâches de ce poste est très précise : « Lorsque la queue est sale, il la trempe dans un seau d'eau jusqu'au tronçon, frotte ensuite la queue avec les deux mains, se sert du savon noir pour la décrasser. »

Crins et poils

Dans les haras, on se sert toujours du savon pour laver la queue et le reste du cheval aussi. Il fait briller les poils et les crins et repousse les mouches.

Pour toiletter votre fidèle destrier, enduisez-le de savon noir, frottez-le énergiquement et rincez-le abondamment. Et contemplez le résultat avec fierté.

Croûtes

Le savon noir est super-performant pour éliminer les croûtes ou les peaux dures qui se forment sur le pelage du cheval. Pour les éradiquer sans pitié et lui faire le poil net, lavez-le avec du savon noir sur une éponge.

114. Amablé Leroi : *Dictionnaire raisonné universel des arts et métiers,* Lyon, 1801.

Dermites

Si vous trouvez, vous aussi, que la plupart des produits anti-mouches classiques sont inefficaces au bout de quelques heures, essayez le savon noir mou. Mettez-en sur une éponge pour badigeonner Jolly Jumper de la tête aux pieds. Les mouches, moucherons et autres taons ne se poseront plus sur lui. Cet enduit est efficace pendant quinze jours environ au bout desquels, il faut renouveler l'opération. Et aussi après la pluie, évidemment.

Sabots

Au Canada, avant d'aller galoper fièrement, cheveux au vent dans la neige, ne sortez pas votre fidèle coursier sans laver soigneusement ses sabots. Puis enduisez-les de savon noir pour éviter que la neige ne s'y accumule.

Gale de la boue

Dans son guide de médecine indienne[115], J.I Lighthall est tellement sûr de l'efficacité de sa recette pour traiter ce problème qu'il promet, en cas d'échec, de donner au propriétaire un dédommagement équivalant au prix de son cheval ! La seule condition est de suivre ses instructions à la lettre : Étable impeccable et sèche, avoine pour les repas et lavage des pieds matin et soir avec de l'eau de pluie et du savon noir. Puis, mélangez soigneusement quatre onces de lard et une demi-once de pierre bleue pulvérisée et appliquez sur les sabots en détresse. En cas d'échec, ne comptez pas vous faire dédommager, le bon vieux Lightall n'est plus de ce monde depuis bien longtemps.

Abcès du sabot

C'est l'horreur, Jolly Jumper a un abcès. Pour ramollir la corne, mettez son pauvre sabot meurtri à tremper vingt minutes par jour dans une botte hipposandale remplie d'une solution d'eau tiède et de savon noir. Une fois l'abcès percé, continuez le trempage quotidien pendant vingt minutes mais cette fois, dans un mélange d'eau et du vinaigre. Cette solution acide élimine bactéries et germes et protège le sabot.

---

115. J. I. Lighthall : *The Indian Household Medicine Guide*, J. I. Lighthall, 1883.

Sellerie

Dans son livre *Driving*, le Duc de Beaufort explique que si le cuir de la selle et des étrivières montrent des signes d'usure, des traces de sueur ou de boue, le *groom* doit les nettoyer avec une petite éponge trempée dans de l'eau chaude ou froide, puis essorée au maximum avant d'être recouverte d'une fine couche de savon noir. Le groom doit alors presser fortement cette éponge trois ou quatre fois pour bien distribuer le savon avant de frotter le cuir. Une fois le cuir recouvert d'une fine couche de savon noir, le groom doit le laisser sécher pendant un quart d'heure ou plus, suivant les conditions atmosphériques du moment. Une fois le savon sec, il ne lui reste plus qu'à frotter le cuir énergiquement.

Le fouet est, lui aussi, assoupli au savon noir.

Box

Pour chasser les rongeurs – petits, moyens et grands –, des box des chevaux, lavez le sol et les murs avec un seau d'eau chaude additionnée d'un bouchon de savon noir et de vingt gouttes d'Huile Essentielle de menthe, poivrée ou pas.

Vaches

En agriculture biologique, avant la traite, les mamelles des vaches sont lavées tous les jours avec du savon noir.

Diluez un bouchon de savon noir dans un seau d'eau chaude. Et avec un linge propre, lavez avec douceur le pis de vos laitières.

Antiparasitaire

Certains insecticides chimiques utilisés pour traiter les parasites des animaux d'élevage nuisent gravement aux bactéries, aux micro-organismes du sol et aux bousiers, responsables de la décomposition des déjections. Résultat de ce désastre : Les bouses ne se décomposent plus. Après un an dans le champ, une bouse provenant d'une vache traitée à l'insecticide chimique était toujours solide, alors qu'une bouse de vache non traitée s'était dégradée. La décomposition des déjections animales est primordiale pour la fertilité naturelle des sols et la destruction des pathogènes.

Étable

Les agriculteurs biologiques utilisent du savon noir pour désinfecter leurs étables.

Chèvres

Comme pour les vaches, les chèvres de l'agriculture biologique ont droit au lavage des mamelles avec du savon noir avant la traite.

Et les locaux d'élevage sont désinfectés au savon noir,

Moutons

Dans l'agriculture biologique, les mamelles des brebis sont lavées au savon noir.

Et les moutons, mâles et femelles, comme dans *La Petite Maison dans la prairie,* ont droit à un bon shampoing au savon noir avant la tonte « qui les laisse tous nus et roses. »

Les bergeries sont désinfectées avec le mélange savonneux habituel : deux bouchons de savon noir dans cinq litres d'eau chaude.

Poules, poulets, poussins, etc.

Gale des pattes

Vos pauvres petites gallinacées ont la gale des pattes. Pour les soigner, nettoyez leurs pattes dans un bain. Diluez une cuiller à soupe de savon noir dans deux litres d'eau tiède. Puis séchez-les soigneusement. Et, si elles consentent à se laisser faire, enduisez leurs pattes avec de l'huile de cade pure à l'aide d'une vieille brosse à dents, tous les jours jusqu'à ce que les écailles redeviennent bien saines. Tout le monde doit y passer, y compris les poussins.

Poulailler

Une recette de grand-mère pour éradiquer les poux rouges qui parasitent vos poules, consiste à désinfecter le poulailler au savon noir. Diluez trois bouchons de savon noir dans cinq litres d'eau très chaude et projetez ce liquide dans tous les coins et les recoins, sous les meubles et derrière les meubles, et dans toutes les fissures. Les poux rouges devraient se noyer corps et biens dans le savonneux liquide.

Conclusion

La nouvelle carrière *éco-friendly* du savon noir vient à peine de commencer.

Ce que vous avez pensé de ce dictionnaire compte beaucoup pour Raymond ainsi que pour toute la joyeuse bande des personnages des *Dictionnaires à tout faire*. Faites-nous part de vos impressions, suggestions, idées, trucs et astuces pour utiliser le savon noir car, bien évidemment, nous n'avons pas fait le tour de la question.

Vous pouvez nous écrire sur le site www.topofthetrucs.com

Vous pouvez également envoyer vos suggestions par courrier électronique aux Éditions du Dauphin, et même par courrier préhistorique à :

Inès Peyret
Éditions du Dauphin
43-45 rue de la Tombe-Issoire
75014 Paris

ANNEXE 1

Où trouver les savons noirs ?

Pour le ménage, le bricolage, le jardinage

Savon noir à l'huile d'olive

Savonnerie Marius Fabre
148, avenue Paul Bourret
13300 Salon-de-Provence
Tél. 04 90 53 24 77
Fax 04 90 53 41 54
http://www.marius-fabre.fr

Produits 100 % naturels et biodégradables. Installé à Salon-de-Provence depuis 1900 C'est aujourd'hui le seul fabriquant français à faire du savon noir à l'huile d'olive.

Vous le trouverez dans les jardineries – Botanic, Truffaut, Vive le Jardin, Villaverde, Jardiland, Gamm Vert, Nalod's, etc.

Pour connaître le point de vente Marius Fabre le plus proche de chez vous, contactez :
le service client au 04 90 53 82 75
ou par e-mail : mailto:boutique@marius-fabre.fr

Savon noir à l'huile de lin

Le Briochin
ZAC Les Grands Champs
22120 HILLION
http://www.lebriochin.com
Tous les produits sont fabriqués en France, à base de produits naturels (Ecocert) et sont biodégradables à 90 %.

Laboratoires Scientia Natura
CP5, 1279, Bogis-Bossey, Suisse
Tel : +41 (0)21 566 1006
Fax : +41 (0)21 566 1806
http://www.laboratoires-scientia-natura.ch
Produits 100 % naturels et biodégradables, sans aucune matière synthétique. L'impact de leur fabrication sur l'environnement est réduit grâce à la mise en place des circuits courts de distribution – les huiles, les machines, les flacons, les fournisseurs se trouvent tous à moins de 800 km de l'usine de Nyon en Suisse.

Pour le corps

Savon noir mou

Marius Fabre

148, avenue Paul Bourret
13300 Salon-de-Provence
Tél. 04 90 53 24 77
Fax 04 90 53 41 54
http://www.marius-fabre.fr
Pour connaître le point de vente Marius Fabre le plus proche de chez vous, contactez le service client au 04 90 53 82 75
ou par e-mail : boutique@marius-fabre.fr

Jean Marc Ricciotti

49, rue Saint Nestor
69008 LYON
http://www.savon-noir.fr
Savon écobio fabriqué à partir de produits bio dans le cadre du commerce équitable.

Terre d'Oc

La marque est en vente dans les magasins Nature et découvertes et sur leur site internet.
http://www.terredoc.com
Produit bio issu du commerce équitable.

Savons noirs durs

Savon noir au charbon de bois

Lush
Pour l'instant, il y a des boutiques à Paris, Aix en Provence, Bordeaux Lille, Montpellier, Nice, Rouen, Strasbourg, St-Nazaire, Toulouse.
Pour trouver les adresses :
http://www.lush.fr/nos-boutiques_74.html
Ou pour commander sur internet : http://www.lush.fr

Savon noir au charbon de bois et à l'huile de nigelle

Jean Marc Ricciotti
49, rue Saint Nestor
69008 LYON
http://www.savon-noir.fr/cgv/index.html

Savon noir des geishas au charbon de bois de bambou

Sur internet : http://www.amazon.com/Nippon-Kodo-Deitanseki-Charcoal-Cleansing/dp/B000YBZIAC

Savon noir à la boue marine

Erno Lazlo

http://www.ernolaszlo.com/shopping_cart.php
Comptez soixante dollars pour l'expédition en France.

Savons noirs africains

Ose Dudu Alata Samina, Anago Samina
Dans les boutiques africaines ou sur internet : http://www.afriquees-sences.com
Savons naturels issus du commerce équitable.

Pour la maison

Tadelakt

Pour commander votre kit complet du parfait "*tadelakteur*", allez sur le site : http://www.akterre.com.

Vous trouverez sous la rubrique Tierrafino® Stone tout ce qu'il vous faut pour mener a bien votre opération de décoration : chaux de Marrakech, galet de rivière en granit ou en pierre de dureté équivalente – pierre semi-précieuse, agate, améthyste ou toutes autres pierres d'une dureté de 9 à 14. Truelle ou lisseuse métallique, taloche bois, lisseuse plastique, chiffon doux et mode d'emploi.

ANNEXE 2

Ce qu'il faut savoir

Les étiquettes muettes

Contrairement aux fabricants de cosmétiques, les lessiviers ne sont pas tenus d'être très loquaces sur la composition des produits ménagers. La loi ne leur impose d'indiquer que le strict minimum ; pour le reste, c'est motus et étiquette cousue. Le règlement européen sur les détergents (n° 648/2004) impose aux fabricants d'indiquer cinq catégories de produits : les tensioactifs, les azurants optiques, les parfums, les enzymes, les désinfectants et de préciser leur pourcentage en poids selon des fourchettes assez larges : moins de cinq pour cent, compris entre cinq et quinze pour cent, entre quinze et trente pour cent ou plus de trente pour cent.

Substances toxiques dans les produits ménagers

Si, faute d'études, on ne connaît pas précisément l'impact des produits nettoyants sur la santé et l'environnement, celui de certains de leurs composants n'est un secret pour personne. Et le fait que leur utilisation soit régie par le Règlement européen sur les produits ménagers, la Directive Biocides et la Réglementation REACH (enRegistrement, Évaluation et Autorisation des substances CHimiques) n'est pas forcément rassurant. Même si, à partir d'un certain pourcentage, quelques ingrédients spécifiques – les agents de surface, agents blanchissants, l'EDTA (acide éthylène diamine tétracétique), le NTA (acide nitrilotriacétique) et 26 allergènes de parfums – doivent être mentionnés sur l'emballage. Les conservateurs, azurants optiques, désinfectants, enzymes et parfums doivent être signalés quelle que soit leur concentration. Les produits irritants ou corrosifs doivent être signalés par des symboles de danger[116] :

E – Explosif
Produit explosif sous l'effet d'une flamme ou d'un choc.

O – Comburant
Produit pouvant dégager une forte chaleur en présence de substance inflammable.

N – Dangereux pour l'environnement
Produit pouvant entraîner des atteintes sur la faune et sur la flore.

C – Corrosif
Produit pouvant détruire les tissus vivants par simple contact.

Xi – Irritant
Produit pouvant, par contact avec la peau ou les muqueuses, provoquer une réaction inflammatoire.

F – Facilement inflammable
Produit qui peut s'enflammer facilement.

T – Toxique
Produit pouvant, par inhalation, ingestion, ou pénétration cutanée, entraîner des risques graves, aigus, ou chroniques.

Xn – Nocif
Produit pouvant entraîner des intoxications par ingestion ou inhalation

Mais bon nombre des produits utilisés couramment pour faire le nettoyage domestique contiennent en toute légalité des ingrédients toxiques potentiellement nocifs pour la santé humaine et pour l'environnement. Ces produits libèrent des toxines dans l'atmosphère et elles peuvent être absorbées par la peau[117] ou les voies respiratoires. On respire les produits d'entretien et comme on les utilise en quantité importante, ils sont d'autant plus dangereux. Comme les crèmes pour

116. Pour en savoir plus : http://www.inrs.fr/inrs-pub/inrs01.nsf/IntranetObject-accesParReference/ED%206041/$FILE/ed6041.pdf, http://www.inrs.fr/inrs-pub/inrs01.nsf/IntranetObject-accesParReference/Pdf%20CLPDecoderEtiquettes/$File/CLPDecoderEtiquettes.pdf, http://www.inrs.fr/focus/nouveletiquetage.html et http://www.chru-lille.fr/cap/ca5-09mars3.htm

117. Selon l'étude du CRÉDOC, 27 % de la population met des gants pour utiliser les produits ménagers. Le risque de passage des substances dans le sang est donc important.

le visage, celles à récurer peuvent causer des allergies, développer des irritations, brûler la peau. Une exposition constante et à long terme à la petite quantité de substances toxiques présente dans les produits ménagers peut entraîner une foule de symptômes : maux de tête, fatigue, essoufflement, congestion des sinus, toux, éternuements, irritation de la peau, étourdissements, nausées, irritation des yeux, du nez et de la gorge. Elle peut atteindre les systèmes nerveux, respiratoire, digestif et, même, favoriser des tumeurs cancéreuses.

L'impact sur la santé des produits d'entretien est peu ou mal connu – les tests de toxicité se font sur une substance isolée, mais pas sur un mélange de substances. Et c'est là le problème majeur des produits ménagers. Élisabeth Laville[118] indique qu'ils sont de plus en plus compliqués, leurs cocktails d'isothiazolinone, de sodium benzoate, de polycarbonates, d'alcanolamides et autres devient intraitable. « Les agents d'entretien contiennent 30 à 40 substances différentes et un nombre de molécules impressionnant, [...] Comme on en utilise tout le temps, les rejets dans les eaux usées sont permanents. Si bien qu'au final, les eaux contiennent toujours quelques nanogrammes de substances chimiques. » Et comme, selon Gaëlle Bouttier-Guérive chargée de mission au WWF, « Seule la moitié des eaux usées est traitée avant son retour dans les cours d'eau, confirme les résidus toxiques des détergents restent dans le cycle de l'eau. Ils sont donc retrouvés dans l'eau de pluie comme dans la mer. Les poissons et les cétacés, notamment, sont touchés dans leur chair par ces produits qui perturbent leur développement et leur reproduction.

Conséquence : depuis 1970, 50 % des populations des espèces d'eau douce ont disparu[119]. »

On ne sait rien non plus sur les cent mille molécules chimiques que nous utilisons au quotidien. Moins de cinq mille[120] – ont fait l'objet d'études afin d'évaluer leurs propriétés chimiques et leurs éventuels dangers pour les hommes et l'environnement[121]. Autrement dit, on ne connaît pratiquement rien sur les quatre-vingt quinze mille substances qui restent et dont trente mille sont commercialisées à plus d' une tonne par an. Quant aux autres – entre trois mille et cinq mille substances – dont les risques cancérogènes, mutagènes et reprotoxiques ont été identifiés, elles restent toujours com-

118. Élisabeth Laville, Marie Balmain : *Achetons responsables*, Le Seuil, 2006.

119. Thierry Thouvenot et Gaëlle Bouttier-Guérive : *Planète attitude : les gestes écologiques au quotidien*, Le Seuil, 2004.

120. Seules les substances produites après 1981 – soit moins de 10 % des substances commercialisées – ont été testées.

121. Professeur Dominique Belpomme, cancérologue à l'hôpital européen Georges Pompidou à Paris et Président de l'ARTAC, Association pour la Recherche Thérapeutique Anti-Cancéreuse. http://www.artac.info/

mercialisées. La réglementation REACH ne pourra interdire les produits dangereux que d'ici dix ou quinze ans. Et encore ! « Par ailleurs, même en supposant une application de REACH la plus satisfaisante possible, le nombre de substances à évaluer, y compris avec des délais très longs, fait qu'il n'est pas possible de compter dans l'immédiat, ni même dans un avenir proche, sur l'application de REACH pour protéger les populations contre les effets négatifs de tel ou tel effet d'une substance ou produit sur la santé publique. Il est vrai que de nombreuses substances ont déjà été évaluées mais le nombre de celles encore à évaluer est bien plus considérable et, de plus, des substances nouvelles apparaissent chaque jour. Les instruments techniques pour mener ces évaluations ne sont pas encore mis en place et auront du mal à l'être en France, compte tenu de la pénurie de toxicologues [122]. »

Il est prévu que REACH identifie les substances chimiques les plus dangereuses (CMR : cancérogène, mutagène, reprotoxique, POPs : polluants organiques persistants, PBT : substances persistantes, bioaccumulables et toxiques, vPvB substances très persistantes, très bioaccumulables et très toxiques et les perturbateurs endocriniens) sous le terme : « substances extrêmement préoccupantes », soit environ deux mille substances qui nécessiteront une autorisation de mise sur le marché. Les substances chimiques les plus préoccupantes seront « dans la mesure du possible remplacées par une alternative plus sûre ».

Les industries chimiques devront fournir les données de sûreté sanitaire et environnementale sur certaines des substances qu'elles produisent[123].

Dans le guide *Diminuer les risques de cancer – Guide du consommateur averti*[124], Option consommateurs répertorie trois groupes de substances nocives présentes dans les produits d'usage domestique, soit les cancérogènes, les perturbateurs endocriniens et les substances à effets toxiques sur la reproduction.

Selon les chercheurs, les personnes à risque sont les plus fragiles et celles qui sont largement exposées aux produits nettoyants dangereux. Et qu'une substance dite dangereuse, lorsqu'elle est très faiblement concentrée, peut ne pas représenter un grand risque pour la santé. Sauf

122. Rapport sur les risques et danger pour la santé humaine de substances chimiques d'usage courant. http://www.assemblee-nationale.fr/13/pdf/rap-off/i0629-tI.pdf
123. Pour en savoir plus : le rapport de Greenpeace *Lobby toxique*
http://www.greenpeace.org/raw/content/france/presse/dossiers-documents/lobby-toxique.pdf et le site Vigitox : mettons les produits toxiques hors la loi http://www.greenpeace.org/france/vigitox/
124. http://www.option-consommateurs.org/analystes/qualite_securite_produits/diminuer_risques_cancer.html

que, comme le souligne la sénatrice Marie-Christine Blandin déclare : « Il suffit parfois d'une faible dose d'un produit à un moment donné pour avoir des répercussions dramatiques[125]. » Un bébé qui crapahute à quatre pattes sur le sol que vous venez de laver et se lèche les doigts sera plus exposé qu'un adulte qui respire l'air ambiant. Rarissimes sont les études faites sur les dangers réels ou les effets à long terme de l'exposition aux petites quantités de substances toxiques et encore moins sur l'interaction entre ces diverses substances. « Ce qui est en cause aujourd'hui, explique Élisabeth Laville, ce sont les effets non immédiats sur la santé et l'environnement de certains ingrédients auxquels nous sommes exposés de manière régulière en petites quantités. Ce sont ces effets insidieux qui font débat aujourd'hui sur le marché de l'hygiène-beauté. Les muscs artificiels par exemple, qui parfument certains produits, sont persistants dans l'environnement et capables de s'accumuler dans l'organisme. Ils sont soupçonnés de causer des perturbations hormonales et des maladies du foie[126]. »

Conclusion : il vaut mieux prévenir que guérir et donc limiter notre exposition aux produits chimiques, surtout lorsqu'il existe une alternative. Préférez les produits ménagers sans phosphates, sans désinfectants, sans javellisants et, si possible, sans conservateurs ni parfums.

Les produits à éviter

Difficile de s'y retrouver lorsqu'on ne maîtrise pas le vocabulaire chimique ! Plus simplement, il faudrait éviter d'utiliser les produits suivants :

Les produits étiquetés « désinfectant » ou « antibactérien » comme les savons antibactériens pour les mains et le liquide vaisselle antibactérien. Ils ne servent à rien parce qu'ils n'éliminent qu'une partie des bactéries et celles qui restent se multiplient à la vitesse grand V en quelques instants pour être aussi nombreuses qu'au départ. De plus il est inutile de désinfecter la vaisselle si vous l'essuyez ensuite avec un torchon qui n'est pas stérile. Sans oublier l'autre gros inconvénient des agents antibactériens, c'est qu'ils favorisent des bactéries plus résistantes et donc, ils peuvent être dangereux pour la santé.

125. Rapport de Mme Marie-Christine BLANDIN, fait au nom de l'Office parlementaire d'évaluation des choix scientifiques et technologiques, n° 176 tome II (2007-2008) – 23 janvier 2008.
http://www.senat.fr/noticerap/2007/r07-176-2-notice.html

126. Élisabeth Laville, Marie Balmain : *Achetons responsables*, Le Seuil, 2006.

Les produits avec les symboles « irritant » ou « corrosif » :

- Les javellisants
- Les nettoyants à vitres et à tapis qui contiennent du 2-butoxy-éthanol.
- Les poudres à récurer
- Les décapants
- Les traitements antitaches pour tissus et tapis
- Les boules antimites, i.e. la naphtaline

Bref, presque tout ce qui se retrouve dans nos placards et nos armoires.

Les substances chimiques à éviter

Lisez les étiquettes et évitez les substances chimiques ci-dessous (la liste n'est pas exhaustive) en raison des risques qu'elles représentent pour la santé :

- Ammoniaque
- Benzène
- Crésol
- Phénol
- Éther de glycol
- Ethoxylates de nonyphénol et nonyphénol
- Formaldéhyde
- Hypochlorite de sodium (eau de Javel)
- Naphtalène et du paradichlorobenzène
- Perchloréthylène
- Pesticides
- Phtalates
- Trichlo
- Toluène

Évitez les produits qui contiennent des :

Adjuvants anticalcaires (= adoucissant = agent séquestrant), citrates, phosphonates, zéolithes, EDTA, phosphates

Le calcaire contenu dans l'eau empêche l'action nettoyante des tensioactifs dans les produits d'entretien. C'est le cas du savon traditionnel qui précipite avec le calcaire pour former des sels. Le rôle essentiel des agents séquestrants est de permettre l'action du tensioactif dans une eau initialement dure (calcaire) en retenant le calcaire. Les phosphates qui adoucissent l'eau sont en partie responsables de l'eutrophisation des eaux et sont remplacés peu à peu par d'autres composés (NTA, EDTA) non moins nocifs pour l'environnement.

EDTA (acide éthylène diamine tétra acétique)

Cet agent de chélation anticalcaire est faiblement biodégradable[127], il se lie facilement aux métaux lourds présents dans la vase. Ceux-ci entrent alors dans la chaîne alimentaire[128]. De plus, il est difficile à éliminer lors de l'épuration des eaux usées[129]. Irritant pour les yeux et la peau, il provoque des effets toxiques indirects dus aux métaux lourds remis en suspension[130]. Sur les animaux ses effets sont tératogènes[131] et mutagènes[132].

NTA (acide nitrilotriacétique)

Ce composant améliore la performance des formules et se lie aux métaux lourds présents dans les sédiments (plomb, arsenic, Cd, mercure…). Ces métaux lourds se retrouvent alors en solution dans l'eau et peuvent s'accumuler dans les organismes vivants[133]. Il provoque une irritation des voies respiratoires, de la peau, des yeux. Une affection des reins. Il est suspecté cancérigène. Ses effets toxiques indirects sont dus aux métaux lourds remis en suspension[134].

Phosphates, tripolyphosphates

Ils sont interdits dans les lessives depuis juillet 2007, mais sont toujours présents dans le reste des produits ménagers – comme dans les tablettes de lave-vaisselle à hauteur de quarante-cinq pour cent. La moitié des phosphates retrouvée dans les cours d'eau provient des produits ménagers, l'autre, des engrais agricoles[135]. Les phosphates augmentent

---

127. « Les activités de nettoyage et l'environnement » FEC Bruxelles 2001.
128. « Vivons l'eau – Guide pratique pour une utilisation rationnelle de l'eau » WWF-Belgique avec le soutien de la Commission européenne, ECOVER, ORAS, et GEBERIT, mai 2002.
129. « Les activités de nettoyage et l'environnement » FEC Bruxelles 2001.
130. *Ibid.*
131. Ils provoquent le développement de masses cellulaires anormales au cours de la croissance fœtale, provoquant des défauts physiques sur le fœtus.
132. En biologie, un mutagène est un agent qui change le génome (en général l'ADN) d'un organisme et élève ainsi le nombre de mutations génétiques au-dessus du taux naturel.
133. *Ibid.*
134. *Ibid.*
135. « Les fertilisants agricoles à base de phosphate sont en effet encore abondamment répandus en France et la future loi sur l'eau ne prévoit pas de mesures restrictives ou de taxe sur les pollutions produites par ces engrais. Phosphate et azote contribuent au développement des algues vertes qui envahissent les cours d'eau ou qui, comme en Bretagne, noient les côtes sous de répugnantes "marées vertes" depuis des années. » *Sciences et Avenir*, 23/03/2005. Et http://www.cnrs.fr/cw/dossiers/doseau/decouv/degradation/08_pollution.htm

l'efficacité du lavage en adoucissant l'eau, en mettant la saleté en suspension et en l'empêchant, une fois décollée de la vaisselle, de se redéposer dessus, et en rendant l'huile et la graisse solubles dans l'eau. Génial pour la vaisselle mais moins top pour l'environnement où ils jouent leur rôle d'engrais. Dans les rivières, ils sont à l'origine des odeurs nauséabondes et de la prolifération d'algues. Des lentilles vertes se développent et bloquent le passage de la lumière et de l'oxygène[136] autrement dit, la vie aquatique est asphyxiée, tout meurt. Mais officiellement, ils n'ont pas d'effet nocif sur la santé humaine[137].

Phosphonates

Des dérivés des phosphates et leurs remplaçants. Ils sont très difficilement biodégradables, libèrent du phosphore, et participent à la remise en solution (faible) des métaux lourds[138]. Ils provoquent une irritation des yeux et de la peau[139].

Polycarboxylates

Ils sont peu ou pas biodégradables[140], faiblement toxiques pour l'homme et peu toxiques pour la vie aquatique[141].

Polyacrylates

Leur décomposition est toxique[142] et ils sont potentiellement cancérigènes[143].

Les agents de surface, aussi appelés tensio-actifs ou surfactants

Environ 10 millions de tonnes sont utilisés chaque année dans le monde (dont 2,5 millions en Europe). Principaux composants des produits ménagers, ce sont eux qui font le plus gros travail : ils confèrent au produit sa capacité d'éliminer la saleté des surfaces et à maintenir celle-ci en suspension. Les agents de surface sont constitués d'une partie lipophile, attirée par les corps gras, et d'une partie hydrophile, soluble dans l'eau. Cette structure permet de dissoudre la saleté. L'action mécanique du nettoyage contribue ensuite à l'éliminer. Difficilement dégradables

136. L'eutrophisation est la modification et la dégradation d'un milieu aquatique, lié en général à un apport excessif de substances nutritives, qui augmentent la production d'algues et de plantes aquatiques.
137. *Ibid.*
138. *Ibid.*
139. *Ibid.*
140. *Ibid.*
141. *Ibid.*
142. Leur absence de biodégradabilité rapide provoque une accumulation dans le milieu naturel (Swift : Polymer Degradation and Stability 45, 215-231, 1994).
143. www.ekopedia.com

lorsqu'ils sont issus du pétrole, on peut les retrouver parfois dans l'eau potable, dans l'écume mousseuse des vagues et sous forme d'embruns qui attaquent la cuticule de cire protectrice des aiguilles de pin, sans oublier les nombreuses autres espèces également touchées comme le chêne vert, le laurier, le laurier-rose, le troène, etc. Résultat : le sel marin a brûlé au troisième degré la quasi-totalité du littoral méditerranéen[144].

Il existe 4 types de tensioactifs :

Anioniques (charge négative) : C'est une base qui lave. Tous les produits détergents et savons liquides en contiennent. Parmi eux il y a :

Les naturels : Le vrai savon

Les synthétiques : exemples, le Sodium Laureth Sulfate (SLS) et l'alkylbenzène sulfonate linéaire de sodium, le plus répandu dans les lessives. Ces deux matières ont exactement les mêmes propriétés lavantes. Leur pouvoir moussant et émulsionnant est fort. Les produits qui en contiennent sont les produits de lavage à la main, liquide vaisselle, savon liquide, dentifrices, shampoings, mousses à raser ou encore les bains moussants, etc.

Le (SLS) provient du trioxyde sulfurique et de l'acide chlorosulfurique et il est responsable de réactions allergiques et irritantes[145]. Le SDS est connu pour causer des ulcères aphteux[146] ; il est référencé dans certains pays comme « rongeur de plaie ». Il est également nocif pour l'organisme[147].

Le SDS peut être converti en SLES, moins irritant pour la peau, C'est probablement le composé surfactant anionique le plus recherché.

L'alkylbenzène sulfonate linéaire de sodium ALS. On le trouve dans les nettoyants pour sol. C'est un tensioactif pétrochimique particulièrement nocif pour l'environnement. Il peut provoquer des irritations ou allergies respiratoires en polluant l'air intérieur.

144. L'empoisonnement de la mer, Les jardiniers de la mer, http://www.posidonies.fr/index.php?page=le-dossier-du-cerimer.

145. A. Nassif, S. C. Chan, F. J. Storrs and J. M. Hanifin. Abstract : Abnormal skin irritancy in atopic dermatitis and in atopy without dermatitis. *Arch Dermatol*. November 1994 ; 130(11):1402.

146. Chahine L, Sempson N, Wagoner C. The effect of sodium lauryl sulfate on recurrent aphthous ulcers : a clinical study. *Compend Contin Educ Dent*. 1997 Dec ; 18(12):1238-40. Herlofson BB, Barkvoll P. The effect of two toothpaste detergents on the frequency of recurrent aphthous ulcers. Acta Odontol Scand. 1996 Jun ; 54(3):150-3.

147. http://fr.academic.ru/dic.nsf/frwiki/976301

Non ioniques (pas de charge) : synthétiques. Ils ne moussent pas beaucoup. Ils sont efficaces même en eau dure. Ce sont des produits essentiellement utilisés en machine. Dans cette famille on trouve :

L'alcool éthoxylate qui est un tensioactif non ionique utilisé dans les lessives liquides.

Les éthoxylates d'alkylphénol, utilisés comme tensioactifs dans les produits nettoyants, « ils sont fortement soupçonnés de déclencher des perturbations endocriniennes. De nombreux poissons mâles de la rivière Aire, en Angleterre, qui se trouvaient en aval des eaux rejetées par une usine de traitement contenant des éthoxylates d'alkylphénol en provenance de l'industrie textile de la région, se sont féminisés : leur taille et leur croissance étaient réduites et on a trouvé des cellules ovipares dans leurs testicules[148]. »

L'octylphénol (éthoxylate). Il fait partie de la famille des Alkylphénols (AP) – substances chimiques très lipophiles et persistantes qui s'accumulent préférentiellement au niveau des sédiments et du sol. Des études ont démontré le potentiel toxicologique en tant que perturbateur endocrinien chez l'animal et chez l'homme[149] .

Cationiques (charge positive) : synthétiques. Ne moussent pas beaucoup. Ils diminuent le pouvoir mouillant et sont utilisés pour désinfecter et pour leur action assouplissante. Ce sont des ammoniums quaternaires principalement.

Une enquête d'UFC-Que choisir[150] met les consommateurs en garde contre les risques d'allergies liés aux lessives et aux assouplissants. « Tous les autres forcent sur les parfums et n'hésitent pas à les associer ». Les ammoniums quaternaires, composants pétrochimiques très détergents des assouplissants textiles, sont agressifs pour l'environnement. Ils entraînent une pollution de l'eau[151]. Et ils sont irritants, parfois allergisants sur certaines personnes et notamment les bébés et les jeunes enfants, dont la peau est plus sensible. Ils peuvent provoquer des symptômes respiratoires – rhinite ou gêne respiratoire[152]. Des

148. Élisabeth Laville, Marie Balmain : *Achetons responsables*, Le Seuil, 2006.
149. http://www.ineris.fr/rsde/doc/docs%20rsde/05_0113_NPDE1.pdf
150. UFC-Que choisir, novembre 2005.
151. http://www.inrs.fr/inrs-pub/inrs01.nsf/inrs01_collec_view/30BB5FB88F6BBDC2C125703100382BA6/$File/ft253.pdf
152. *Ibid.*

travaux expérimentaux ont montré que la déposition de parfum est bien supérieure à partir d'un assouplissant que d'une lessive[153]. L'un des plus courants est l'Octaméthylcyclotétrasiloxane, produit huileux, sans odeur et modérément volatil. C'est un perturbateur endocrinien, il provoque des troubles de la fertilité et peut entraîner des effets néfastes à long terme sur l'environnement aquatique[154].

Amphoténique (positif/négatif) : synthétiques. Insensibles à la dureté de l'eau. Ils sont utilisés comme antimicrobiens.

Les antibactériens et les conservateurs

Ajoutés aux solutions liquides de produits d'entretien pour prévenir la dégradation par les bactéries, ils sont à la fois nocifs pour les micro-organismes des produits de nettoyage et pour ceux de l'environnement.

Hypochlorite de sodium ou eau de Javel

La France est, avec la Belgique, le seul au pays monde à commercialiser des berlingots d'eau de Javel concentrée. Ils représentent soixante pour cent des ventes d'eau de Javel domestique.

Le produit le plus connu et répandu pour ses fonctions désinfectantes et blanchissantes est l'eau de javel ou hypochlorite de sodium. Mais la javel est fortement déconseillée parce que son action hygiénique est limitée et très souvent de courte durée et qu'elle favorise des bactéries plus résistantes. Lors de sa production, de son utilisation puis de son rejet avec les eaux domestiques, l'eau de Javel libère du chlore qui peut se combiner à des molécules organiques contenues dans les sols, les eaux et l'air et former des liaisons chimiques – les organochlorés qui sont des composés persistants très toxiques – qui s'accumulent dans les chaînes alimentaires. Et un mauvais emploi peut provoquer des risques pour la santé[155]. Par exemple, si vous l'utilisez en mélange avec des produits d'entretien contenant de l'acide – vinaigre, détartrant, nettoyant pour sanitaires, antirouille. – il se produit un dégagement gazeux qui peut provoquer une irritation des muqueuses et des yeux,

153. Corea N V et al : Fragrance allergy : assessing the risk from washed fabrics, Contact Dermatitis, July 2006, 55(1) : 48-53.
154. Fiche toxicologique de l'INRS http://www.inrs.fr/inrs-pub/inrs01.nsf/inrs01_collec_view/1C070D692AD9B41FC12574E9002E34D5/$File/ft271.pdf
155. « L'entretien ménager sans produits ni déchets dangereux : Rapport technique », réalisé par le CRIOC. http://www.oivo-crioc.org/files/fr/4109fra.pdf

des maux de tête, des nausées et parfois un œdème pulmonaire avec risque de complications infectieuses.

Si l'eau de Javel entre en contact avec de l'ammoniaque, c'est un gaz encore plus dangereux qui se forme et qui peut provoquer des dommages importants aux poumons.

⚠ En cas de contamination à l'anthrax, le mélange eau de javel et vinaigre, peut vous sauver la vie[156]. Utilisez-le pour tout désinfecter du sol au plafond mais en prenant des précautions. Préparez un seau d'eau chaude, mettez un masque, ouvrez grand les fenêtres ou sortez dans le jardin, puis versez un verre de javel dans le seau, attendez quelques instants avant de verser un verre de vinaigre. Attendez quelques minutes avant de vous servir de votre désinfectant surpuissant.

Formaldéhyde ou formol

Il a une odeur piquante qui se détecte même à basse concentration. L'exposition, même de courte durée, peut produire des gênes respiratoires, particulièrement chez l'enfant. Les autres réactions vont d'une simple irritation des yeux et de la muqueuse nasale à de sévères réactions allergiques. Il est classé dans la catégorie des cancérigènes respiratoires probables pour l'homme (groupe 2 A). Il est irritant pour la peau, les yeux, les muqueuses respiratoires. C'est un cancérogène probable[157]. Il est nocif pour l'environnement et toxique pour les poissons[158].

Glycol

C'est un contaminant de l'air: il favorise la formation de brouillard appelé « *smog* »[159] une contraction de *smoke* – fumée – et de *fog* – brouillard. Il est irritant pour la peau et les yeux des yeux. Il peut provoquer des convulsions, comas et décès. Il est suspecté cancérigène, tératogène et mutagènes[160].

Triclosan

Un antifongique et un antibactérien à large spectre utilisé surtout comme désinfectant. Ses effets œstrogéniques ont été observés chez les ani-

156. MicroChem Lab, Inc. in Euless, Texas, 2006 ASM Biodefense Research Meeting, American Society for Microbiology, February 19, 2006.
157. « Les activités de nettoyage et l'environnement » FEC Bruxelles 2001.
158. *Ibid.*
159. *Ibid.*
160. *Ibid.*

maux, et il perturbe le fonctionnement de la glande thyroïde chez les humains et il est toxique pour le foie[161]. Inhalé, le triclosan affaiblit le système immunitaire et cause de l'asthme et des allergies. Il a montré une toxicité chronique et aiguë chez les espèces aquatiques. En outre, le triclosan est bio-accumulatif[162].

Isothiazolinone

Ce conservateur biocide, à très faible concentration avec un effet bactériostatique et fongistatique, est un mélange de deux thiazolinones (chlorée 75 % et non chlorée 25 %). L'utilisation de l'isothiazolinone est interdite au japon. Vous le reconnaîtrez aux mentions suivantes : composés d'CMIT, MIT, BIT, OIT, reconnus allergènes de contact[163].

Les agents blanchissants

Azurants optiques (molécules qui donnent une couleur un peu bleutée ou blanche)

Ce sont des colorants qui agissent sur le linge jauni. Ils absorbent les rayons ultraviolets émis par le soleil et réémettent de la lumière bleue, de sorte que, par un effet d'optique, le linge paraît plus lumineux et plus blanc. Ces azurants ne sont pas éliminés au rinçage. Souvent dérivés du stilbène – un perturbateur endocrinien –, ils sont à l'origine d'allergies. Ils sont peu biodégradables et provoquent des formations d'organochlorés (molécules contenant des atomes de chlore) difficilement dégradables[164]. Les organochlorés sont toxiques et cancérigènes[165]. Ils sont toxiques pour la vie aquatique[166] ».

Blanchissants chlorés – (hypochlorite de sodium, composés cyanochlorés)

Action blanchissante et désinfectante. Se lie aux métaux lourds présents dans les sédiments (plomb, arsenic, Cd, mercure). Ces métaux lourds

161. « *Toxiques en héritage : des substances chimiques dangereuses dans le sang du cordon ombilical* » Greenpeace Pays-Bas, Greenpeace international, WWF Royaume-Uni, septembre 2005 http://www.greenpeace.org/raw/content-france/presse/dossiers-documents/toxique-en-heritage.pdf et Environmental Working Group (EWG). 2009. Pollution in Minority Newborns. Available : http://www.ewg.org/minoritycordblood

162. Jackson J, Sutton R, Sources of endocrine-disrupting chemicals in urban wastewater, Oakland, CA, Sci. Total Environ, 2008.

163. Burden AD, O'Driscoll JB, Page FC, Beck MH. Contact hypersensitivity to a new isothiazolinone. *Contact Dermatitis*, 1994 ; 30 : 179-180. 11. D E Greig Another isothiazolinone source, Contact Dermatitis September 1991 ; 25 (3) : 201-2.

164. « Les activités de nettoyage et l'environnement » FEC Bruxelles 2001.

165. *Ibid.*

166. Élisabeth Laville, Marie Balmain : *Achetons responsables*, Le Seuil, 2006.

se retrouvent alors en solution dans l'eau et peuvent s'accumuler dans les organismes vivants[167]. Ils provoquent une irritation des voies respiratoires, de la peau, des yeux, une affection des reins. Ils sont suspectés cancérigènes. Sans oublier les effets toxiques indirects dus aux métaux lourds remis en suspension[168].

Les enzymes

Les produits de nettoyage qui contiennent des bactéries et/ou des enzymes sont appelés produits d'entretien microbiologiques. Les enzymes formées par les bactéries désagrègent les taches de protéines – œuf, lait, sang, chocolat, sueur, etc. – à des températures plus basses que les autres ou la matière organique accumulée dans les canalisations. Étant donné que les micro-organismes se multiplient en continu, on parle de désagrégation continue des substances indésirables. Les enzymes sont allergènes[169]. Rapidement dégradables[170], ils n'ont pas d'effet nocif sur l'environnement[171]. Mais les enzymes sont souvent cultivés sur support génétiquement modifié dont on ne connaît pas encore l'impact.

Hypochlorite de Na ou eau de Javel

La javel détruit les micro-organismes, provoque la formation d'organochlorés toxiques lors de la libération de chlore, persistants et qui s'accumulent dans les chaînes alimentaires[172]. C'est un irritant de la peau, des yeux. Elle provoque des brûlures.

Perborate de sodium (NaBO3)

Le plus utilisé, il libère du bore et du peroxyde d'hydrogène dans l'eau[173]. Cet agent de blanchiment oxygéné décolore les taches par oxydation Il est plus efficace à partir de 60 °C et en milieu basique. Pour les températures plus basses, on utilise un produit qui active le perborate. L'activateur est généralement l'EDTA. L'acide borique et le borate sont toxiques pour le système nerveux[174]. L'accumulation du bore dans les eaux est toxique pour les organismes aquatiques[175].

---

167. *Ibid.*
168. *Ibid.*
169. *Ibid.*
170. « Vivons l'eau – Guide pratique pour une utilisation rationnelle de l'eau » Brochure réalisée par le WWF-Belgique avec le soutien de la Commission européenne, ECOVER, ORAS, et GEBERIT, mai 2002.
171. « Les activités de nettoyage et l'environnement » FEC Bruxelles 2001.
172. *Ibid.*
173. « Vivons l'eau – Guide pratique pour une utilisation rationnelle de l'eau » Brochure réalisée par le WWF-Belgique avec le soutien de la Commission européenne, ECOVER, ORAS, et GEBERIT, mai 2002.
174. *Ibid.*
175. « Les activités de nettoyage et l'environnement » FEC Bruxelles 2001.

Les colorants et les parfums

Les colorants et parfums sont ajoutés aux produits de nettoyage pour les distinguer les uns des autres et, dans le cas des parfums, pour apporter une « odeur de frais ». Ces substances ne contribuent pas au nettoyage et les risques qu'ils peuvent engendrer sur la santé et l'environnement sont souvent sous-estimés. Si ça sent le citron (ou autre chose) trente minutes après avoir fait le ménage, posez-vous des questions ! Ce n'est pas normal !

Évitez les produits qui contiennent des colorants anorganiques aux métaux lourds : cadmium, chrome, plomb, mercure, sélénium, baryum, étain, béryllium, thallium ou dérivés.

Évitez les produits qui contiennent des parfums comme les :

Muscs synthétiques

On trouve plusieurs classes de muscs synthétiques, certains étant des composés nitrés (Nitro-Muscs) et d'autres des composés polycycliques (Muscs Polycycliques), dont les structures sont éloignées de celles des molécules des muscs naturels.

Phthalates Nitromuscs

DEHP (Diethyl phthalate), Bis (2-éthylhexylphthalate), musc-xylène, ambrette, moscène, tibétène, cétone, kétone. Les phtalates, molécules permettant aux plastiques de rester souples, ont aussi la propriété d'augmenter la durée d'un parfum. C'est pour cela qu'on les trouve dans les produits d'entretien et dans les adoucissants pour le linge. Ils sont bioaccumulables, associés à l'asthme et autres problèmes respiratoires[176] et ont des effets reprotoxiques chez l'homme et la femme[177]. Des effets anti-androgènes reprotoxiques sur les testicules, sur le développement précoce des seins, ils affectent le développement sexuel des bébés mâles[178]. Ils sont dangereux pour le fœtus. On les retrouve dans le sang du cordon ombilical[179]. Le sang et les graisses

---

176. Bornehag CG, Nanberg E. Phthalate exposure and asthma in children. *Int J Androl.* 2010 in press. Mendell MJ. Indoor residential chemical emissions as risk factors for respiratory and allergic effects in children : a review. *Indoor Air.* 2007 ; 17(4):259-77.
177. Voir le rapport du Sénat Risques chimiques au quotidien : éthers de glycol et polluants de l'air intérieur. Quelle expertise pour notre santé ? Conclusions du rapporteur (tome I). http://www.senat.fr/rap/r07-176-1/r07-176-110.html
178. Swan SH, Main KM, Liu F, Stewart SL, Kruse RL, Calafat AM, et al. 2005. Decrease in anogenital distance among male infants with prenatal phthalate exposure. Environ Health Perspect 113(8):1056-61.
179. « *Toxiques en héritage : des substances chimiques dangereuses dans le sang du cordon ombilical* » Greenpeace Pays-Bas, Greenpeace international, WWF Royaume-Uni, septembre 2005. http://www.greenpeace.org/raw/content/france/presse/dossiers-documents/toxique-en-heritage.pdf et Environmental Working Group (EWG). 2009. Pollution in Minority Newborns. http://www.ewg.org/minoritycordblood

corporels. Les effets possibles suspectés chez l'enfant : troubles du système immunitaire et cancer[180].

Muscs polycycliques galaxolide (HHCB) et muscs polycycliques tonalide (HHTN)

Les parfums synthétiques, tels que les muscs polycycliques, entraînent souvent la bio accumulation[181]. Ils sont suspectés d'être des perturbateurs endocriniens chez l'homme[182] ainsi que provoquer des réactions allergiques.

Le tonalide est toxique pour le foie[183]. Le galaxolide et le tonalide ont été retrouvés dans le cordon ombilical[184], le lait maternel[185] et les graisses corporelles après l'utilisation de détergents[186]. Le galaxolide a été retrouvé dans le sang[187]. Ils peuvent s'accumuler dans la chaîne alimentaire et sont toxiques pour l'environnement[188]. Les matières premières dont ils sont fabriqués sont non renouvelables, mieux vaut ne pas les utiliser.

---

180. *Ibid.*

181. La bioaccumulation est l'absorption de substances chimiques, présentes dans l'environnement, et leur concentration dans certains tissus par les organismes. Dietrich DR and Hitzfeld BC. 2004. *Bioaccumulation and Ecotoxicity of Synthetic Musks in the Aquatic Environment.* In : *The Handbook of Environmental Chemistry*, volume 3, part X : 233-244 (Springer Berlin/Heidelberg).

182. « Toxiques en heritage : des substances chimiques dangereuses dans le sang du cordon ombilical » Greenpeace Pays-Bas, Greenpeace international, WWF Royaume-Uni, septembre 2005. http://www.greenpeace.org/raw/content/france/presse/dossiers-documents/toxique-en-heritage.pdf. Bitsch N, Dudas C, Korner W, Failing K, Biselli S, Rimkus G, Brunn H. 2002. Estrogenic activity of musk fragrances detected by the E-screen assay using human mcf-7 cells. Arch Environ Contam Toxicol. 43(3): 257-64. Schreurs RH, Sonneveld E, Jansen JH, Seinen W, van der Burg B. 2005. Interaction of polycyclic musks and UV filters with the estrogen receptor (ER), androgen receptor (AR), and progesterone receptor (PR) in reporter gene bioassays. Toxicol Sci. 83(2): 264-72. SeinenW, Lemmen JG, Pieters RH, Verbruggen EM, Van der Burg B. (1999). AHTN and HHCB show weak estrogenic – but no uterotrophic activity. Toxicol. Lett. 111, 161–168.

183. *Ibid.*

184. *Ibid.*

185 Rimkus, G.G. and M. Wolf, Polycyclic musk fragrances in human adipose tissue and human milk. Chemosphere, 1996. 33(10): p. 2033-43. Lignell S, Darnerud PO, Aune M, Cnattingius S, Hajslova J, Setkova L, Glynn A. 2008. Temporal trends of synthetic musk compounds in mother's milk and associations with personal use of perfumed products. *Environ Sci Technol.* 42(17): 6743-8. Van der Burg B, Schreurs R, van der Linden S, Seinen W, Brouwer A, Sonneveld E. 2008. Endocrine effects of polycyclic musks : do we smell a rat ? Int J Androl 31(2): 188-93.

186 Rimkus, G.G. and M. Wolf, Polycyclic musk fragrances in human adipose tissue and human milk. *Chemosphere*, 1996. 33(10): p. 2033-43.

187 Hutter HP, Wallner P, Moshammer H, Hartl W, Sattelberger R, Lorbeer G, Kundi M. 2005. Blood concentrations of polycyclic musks in healthy young adults. *Chemosphere.* 59(4): 487-92. Hutter, HP, P Wallner, H Moshammer, W Hartl, R Sattelberger, G Lorbeer and M Kundi. 2009. Synthetic musks in blood of healthy young adults : Relationship to cosmetics use. Science of the Total Environment 407 : 4821-4825.

188 Van der Burg B, Schreurs R, van der Linden S, Seinen W, Brouwer A, Sonneveld E. 2008. Endocrine effects of polycyclic musks : do we smell a rat ? *Int J Androl* 31(2): 188-93. Pour les poisons et les crustacés : Yamauchi R, Ishibashi H, Hirano M, Mori T, Kim JW, Arizono K. 2008. Effects of synthetic polycyclic musks on estrogen receptor, vitellogenin, pregnane X receptor, and cytochrome P450 3A gene expression in the livers of male medaka (Oryzias latipes). Aquat Toxicol. 90(4):261-8. Wollenberger L, Breitholtz M, Ole Kusk K, Bengtsson BE. 2003. Inhibition of larval development of the marine copepod Acartia tonsa by four synthetic musk substances. Sci Total Environ 305(1-3): 53-64.

Les parfums avec des noms comme amyl cinnamal, hexylcinnamaldéhyde, linalool, benzyl alcohol, géraniol, eugénol, lilial, methylheptane carbonate sont allergènes[189].

Le lilial aussi connu sous le nom de butylphenyl methylpropional pourrait avoir une activité œstrogénique[190].

Le Citronellol, le limonène, le citral et le géraniol – composants typiques des essences d'agrumes – souvent présents dans les produits ménagers, sont allergènes. Peu de ces ingrédients ont été testés pour leur toxicité. Le limonène a été testé et une étude indique qu'il provoque le cancer chez les rats mâles[191].

Les produits parfumés au pin (alpha pinène) sont des irritants respiratoires[192] et des mutagènes connus et ceux parfumés au camphre ont des effets toxiques connus à haute concentration[193].

Les produits acides

Les acides présents dans les produits d'entretien permettent de dissoudre les dépôts et salissures d'origine minérale, comme les dépôts calcaires, la rouille et les dépôts d'oxydation. Ils sont surtout utilisés dans les nettoyants sanitaires, les gels WC par exemple. Les acides et les sels, qui neutralisent le calcaire, s'ajoutent à la pollution de l'eau.

Acide phosphorique

C'est un irritant pour la peau[194]. Il est nocif pour l'environnement et provoque l'acidification des rivières[195].

---

189. J.H. Raymer, E.D. Pellizzari, S.D. Cooper, N.P. Castillo, and K.W. Thomas : Evaluation of a Pharmacokinetic Model for Volatile Organic Compounds in Breath and of the Application of the Analytical Method to Polar VOCs, final report, EPA Contract #68-02-4544, Work Assignment #II-80, 1990.
190. Charles AK, Darbre PD. 2009. Oestrogenic activity of benzyl salicylate, benzyl benzoate and butylphenylmethylpropional (Lilial) in MCF7 human breast cancer cells in vitro. *J Appl Toxicol* 29(5): 422-34.
191. National Toxicology Program, NTP Technical Report on the Toxicology and Carcinogenesis Studies of d-Limonene, National toxicology Program, Research, Triangle Park, NC. 1988.
192. Neuenschwander U, Guignard F, Hermans I. 2010. Mechanism of the aerobic oxidation of alpha-pinene. ChemSusChem. 3(1): 75-84. Venkatachari P, Hopke PK. 2008. Characterization of products formed in the reaction of ozone with alpha-pinene : case for organic peroxides. J Environ Monit. 10(8): 966-74. Nielsen GD, Larsen ST, Hougaard KS, Hammer M, Wolkoff P, Clausen PA, Wilkins CK, Alarie Y. 2005. Mechanisms of acute inhalation effects of (+) and (-)-alpha-pinene in BALB/c mice. *Basic Clin Pharmacol* Toxicol. 96(6):420-8.
193. *The Merck Index*, Merck & Co., Rahway, 1990.
194. « Les activités de nettoyage et l'environnement » FEC Bruxelles 2001.
195. *Ibid.*

Acide sulfurique

Lui aussi est irritant pour la peau[196], nocif pour l'environnement et il provoque l'acidification des rivières[197].

Acide chlorhydrique

Comme l'acide phosphorique et l'acide sulfurique, il est irritant pour la peau[198], nocif pour l'environnement et il provoque l'acidification des rivières[199].

Les produits alcalins

La plupart des produits de nettoyage sont alcalins (basiques). Les nettoyants alcalins attaquent les souillures organiques, comme les graisses et les protéines. Les bases permettent d'augmenter l'activité des savons et de certains tensioactifs, elles dissolvent les graisses, éliminent les cires, et désinfectent. Les produits alcalins sont surtout utilisés pour le nettoyage des fours et des hottes.

Hydroxyde d'ammonium (ammoniaque en solution aqueuse)

Il provoque une irritation des muqueuses, des yeux, des voies respiratoires et des affections du foie[200] et de graves brûlures[201]. Il est toxique pour les plantes, les poissons, les animaux en cas d'excès. En présence d'eau de Javel, il déclenche la formation de chloramines[202], toxiques pour l'environnement.

Hydroxyde de sodium (soude caustique) NaOH

Il provoque une irritation des voies respiratoires, de la peau, des yeux, des brûlures et des ulcérations. C'est un agent mutagène[203]. Et il est nocif pour les poissons[204].

Les solvants

Les solvants dissolvent les détergents dans le produit de nettoyage, ils augmentent la solubilité de certaines salissures dans l'eau et permettent à

196. « Les activités de nettoyage et l'environnement » FEC Bruxelles 2001.
197. *Ibid.*
198. « Les activités de nettoyage et l'environnement » FEC Bruxelles 2001.
199. *Ibid.*
200. *Ibid.*
201. *Ibid.*
202. http://www.hc-sc.gc.ca/ewh-semt/pubs/water-eau/chloramines/index-fra.php
203. *Ibid.*
204. « Les activités de nettoyage et l'environnement » FEC Bruxelles 2001.

la surface nettoyée de sécher rapidement et sans traces. De nombreux solvants contiennent des composés organiques volatils ce qui fait qu'en cas d'inhalation, ils peuvent provoquer des irritations. Ils présentent un risque important pour la santé. L'acétone, le white spirit ou l'éther sont parmi les plus nocifs. Neuf types d'éthers de glycol ont par exemple été classés reprotoxiques, c'est-à-dire dangereux pour le fœtus de la femme enceinte. Certains sont suspectés d'être cancérigènes.

Cétones (acétone)

S'il est ingéré, l'acétone provoque une affection du système nerveux central[205]. Officiellement il n'a pas d'effet nocif sur l'environnement[206].

Benzène (hydrocarbures aromatiques)

C'est un irritant des voies respiratoires. Il est cancérigène[207]. Il contamine l'air et les nappes phréatiques[208].

Dichlorbenzène, paradichlorobenzène, troclosène de sodium dihydrate (qui peut remplacer l'eau de javel)

On les trouve dans les blocs WC. Ils sont irritants pour les yeux, la peau et les voies respiratoires. À long terme, le paradichlorobenzène peut avoir des effets sur le foie, les reins et l'AFSSE – Agence Française de Sécurité Sanitaire de l'Environnement et du travail – préconise son interdiction car il peut être cancérigène pour l'homme.

Ils sont toxiques pour les organismes et les écosystèmes aquatiques.

Toluène (hydrocarbures aromatiques)

Solvant pétrochimique toxique parmi les composés organiques volatils (COV) les plus nocifs. Il provoque une irritation de la peau et des yeux. Il est toxique pour le système nerveux central[209]. Son émission dans l'atmosphère, contribue à la formation d'ozone et de *smog*, ainsi qu'une adsorption[210] sur les sédiments[211].

205. *Ibid.*
206. *Ibid.*
207. *Ibid.*
208. *Ibid.*
209. *Ibid.*
210 Attention, ne pas confondre avec absorption. L'adsorption est la fixation d'une substance sur une surface (d'un matériau filtrant par exemple).
211. « Les activités de nettoyage et l'environnement » FEC Bruxelles 2001.

Xylène (hydrocarbures aromatiques)

Solvant pétrochimique toxique parmi les COV les plus nocifs. L'effet principal du xylène s'exerce sur le système nerveux central. Dépendamment de l'intensité et de la durée de l'exposition on peut observer des maux de tête, de la fatigue, de l'anxiété, de la dépression, une sensation d'ébriété, des troubles de l'équilibre, du sommeil et de la mémoire[212]. C'est aussi un irritant des yeux et de la peau[213] ainsi qu'un contaminant de l'air et des eaux. Il est moyennement biodégradable[214].

Glycoléthers, glycol, polyéthylèneglycols

En cas de forte exposition, les glycols éthers peuvent être nocifs pour l'être humain. Les glycolènes, glycols éthers et éthanol amines sont peu volatils, le risque d'exposition par inhalation est moindre. Les glycols éthers méthoxypropanol et éthylglycol sont cependant soupçonnés d'être nocifs pour la fécondité[215].

Ethylène-glycol (un glycol)

Contaminant de l'air, il participe à la formation du *smog*[216]. Il provoque une irritation de la peau, des yeux, des comas, des convulsions et des décès. Il est suspecté cancérigène, tératogène, mutagène[217]. Testé sur des cellules humaines par l'association Antidote Europe[218], ce produit fait partie de ceux qui ont le plus perturbé l'expression des gènes étudiés[219].

---

212. www.reptox.csst.qc.ca
213. « Les activités de nettoyage et l'environnement » FEC Bruxelles 2001.
215. « Les activités de nettoyage et l'environnement » FEC Bruxelles 2001.
216. *Ibid.*.
217. *Ibid.*
218. http://www.antidote-europe.org/substances_fr.htm.
Cette association utilise toxicogénomique pour faire les analyses sur des cellules humaines. « Un procédé plus rapide et moins cher, qui a aussi l'avantage d'éviter de recourir à des cobayes», explique le biophysicien Claude Reiss, ancien chercheur du CNRS, pionnier français de la toxicogénomique qui se bat depuis deux ans avec un groupe de scientifiques de l'association sans but lucratif, Antidote Europe, pour faire inscrire cette méthode dans la directive européenne Reach. Pour l'instant, au-delà du fait que les fabricants doivent eux-mêmes fournir le résultat des tests de leurs propres substances (!), la plupart des industriels dénoncent un système coûteux et un manque de toxicologues compétents. Même le Professeur Thomas Hartung, conseiller scientifique de la Commission européenne, explique que « Tester une substance chimique pour son potentiel à causer le cancer prend cinq ans et implique 400 rats. [...] Les tests de toxicité qui ont été employés depuis des décennies sont "tout simplement de la mauvaise science" » (*Nature*, 10 novembre 2005).
219. *Ibid.* « 29 gènes sur 51 ont été réprimés dans les cellules hépatiques et 48 sur 51 dans les cellules neuronales, affectant toutes les fonctions étudiées. L'effet constaté a été, dans tous les cas, une répression. Dans la plupart des cas, en particulier dans les cellules nerveuses, cette répression a été très forte, puisque nous avons constaté à plusieurs reprises une division par cent de l'activité du gène, surtout aux temps d'exposition les plus longs. »

Solvants chlorés (PER, TRI, tétrachloréthylène, tétrachlorure de carbone, T111 (interdit d'utilisation), chlorure de méthylène

Ils peuvent toucher le système nerveux central et les reins et irriter les voies respiratoires. Ils sont potentiellement cancérigènes, mutagènes, tératogènes[220]. Ils contribuent à la pollution atmosphérique, la dégradation de la couche d'ozone et la pollution des nappes phréatiques. Le chlore et les composés chlorés peuvent réagir avec des substances organiques pour former des organochlorés s'accumulant dans l'environnement et les chaînes alimentaires[221].

Le trichloréthylène (TCE) : est irritant pour les yeux et la peau. Il peut provoquer, entre autres, des problèmes rénaux[222]. L'UE a fait passer le trichloréthylène de carcinogène de Catégorie 3 (qui requiert sur l'étiquetage la phrase de risque R40 « peut être dangereux ») à carcinogène de Catégorie 2 (« peut provoquer le cancer ») à la fin janvier 2001. Ceci signifie qu'à l'avenir la phrase de risque R45 « peut provoquer le cancer[223] » doit figurer sur les étiquetages de produits à base de trichloréthylène.

Isopropanol

Cet alcool provoque l'irritation des yeux, des voies respiratoires et de la peau. Il est toxique pour le système nerveux central mais pas pour l'environnement[224].

Ammoniaque

Présent dans certains nettoyants multi-usages, irrite les voies respiratoires et les muqueuses.

Les pesticides

Ce terme générique désigne des produits chimiques ayant la capacité de tuer certains organismes indésirables. Dans cette famille, on trouve les insecticides, les fongicides et les herbicides. La France est le premier

220. *Ibid.*
221. *Ibid.*
222. David, N. J., R. Wolman et *al.* (1989). « Acute renal failure due to trichloroethylene poisoning. » *British Journal of Industrial Medicine* 46(5): 347-9.
223. Axelson, O., A. Selden et *al.* (1994). « Updated and expanded Swedish cohort study on trichloroethylene and cancer risk. » *Journal of Occupational Medicine* 36(5): 556-62.
224. *Ibid.*

consommateur européen de ces produits polluants. L'agriculture productiviste – qui en utilise quatre-vingt quinze pour cent – est la principale responsable de la pollution de l'environnement par les pesticides. Mais alors qu'ils n'en utilisent seulement cinq pour cent, les particuliers et les collectivités seraient responsables jusqu'à près de trente pour cent de la pollution de l'eau par les pesticides. Et tout ça représente un déversement annuel au grand air de quatre-vingt mille tonnes en France, avec des conséquences sérieuses sur la santé. Il existe plusieurs centaines d'études et de rapports[225] qui mettent en cause les pesticides dans le développement de maladies graves à long terme : cancers – lymphomes et cancers de l'enfant (tumeurs cérébrales, leucémies, néphroblastomes), en particulier lors d'une exposition prolongée de la mère pendant la grossesse[226] – troubles de la reproduction – malformations congénitales, retards de croissance, mortalité fœtale, infertilité masculine et féminine –; troubles neurologiques – maladie de Parkinson et, dans une moindre mesure, maladie d'Alzheimer, baisse des performances cognitives.

Les principaux pesticides utilisés actuellement appartiennent à quelques grandes familles chimiques :

Les insecticides

Organochlorés (hydrocarbures chlorés)

Comme le DDT synthétisé dès les années 1940, sont des pesticides très stables chimiquement. Le DDT a été utilisé partout dans le monde dans la lutte contre les insectes, jusqu'à ce que l'on découvre qu'il était peu dégradable et pouvait se concentrer dans les organismes en bout de chaîne alimentaire, par bio accumulation, avec des risques certains pour la santé humaine. Interdit en Europe depuis 1972, mais on en

225. Samanic C M, A J De Roos et al. : Occupational Exposure to Pesticides and Risk of Adult Brain Tumors, Am. J. Epidemiol., April 15, 2008 ; 167(8): 976-985. Provost D, A Cantagrel et al. : Brain tumours and exposure to pesticides : a case-control study in southwestern France, Occupational and Environmental Medicine, 2007 ; 64 : 509-514. Van Wijngaarden E, Stewart PA, Olshan AF, Savitz DA, Bunin GR : Parental occupational exposure to pesticides and childhood brain cancer, Am J Epidemiol 2003 ; 157(11):989-97. Land P : Linkage of Breast Cancer and Pesticides through Lactation Studies ; presented at the second World Breast Cancer Conference, July 1999 and available through CPR, Sierra Club of Canada. Pogoda JM, Preston-Martin S : Household pesticides and risk of pediatric brain tumors, Environ Health Perspect, 1997 ; 105 : 1214-20. Colbourn T, Dumanoski D & Peterson Myers J : Our Stolen Future, Penguin Books, 1996. Pluygers et al. Pesticides et cancer humain, revue Ed Aves, Liège, 1994 ; 43. Davis JR, Brownson RC, Garcia R, Bentz BJ, Turner A : Family pesticide use and childhood brain cancer, Arch Environ Contam Toxicol 1993 ; 24 : 87-92. Scheele J, Teufel M, Niessen KH : Chlorinated hydrocarbons in the bone marrow of children : studies on their association with leukaemia, Eur J Pediatr 1992 ; 151 : 802-5. Zahm S and A Blair : Pesticides and Non-Hodgkin s Lymphoma, Cancer Research, October 1992.

226. Richard S, Moslemi S, Sipahutar H, Benachour N, Seralini G-E 2005. Differential Effects of Glyphosate and Roundup on Human Placental Cells and Aromatase. Environ Health Perspect 113 : 716-720. doi : 10.1289 /ehp.7728.

trouve encore beaucoup dans les milieux aquatiques. En outre, ils continuent à être employés dans certains pays tropicaux.

Oganophosphorés, pyréthrinoïdes et autres insecticides chimiques

Dans cette bande on trouve le bromophos, le dianizon, le malathion, le phosmet, le dichlorvos, etc. Ces composés de synthèse se dégradent assez rapidement dans l'environnement mais ils ont des effets neurotoxiques sur les vertébrés.

Plus récemment sont apparues les pyréthrinoïdes de synthèse. Leur composition est proche de celle du pyrèthre naturel, mais ce sont des pesticides chimiques comme les autres. C'est aujourd'hui la famille d'insecticides la plus utilisée. Ils sont très toxiques pour les organismes aquatiques.

Parmi les autres familles d'insecticides commercialisées, signalons les carbamates très toxiques, sont utilisés comme insecticides et fongicides, les carbinols, les sulfones, les sulfonâtes, et quelques autres.

Les fongicides

Dans les nombreuses familles de ces pesticides, on trouve les carbamates, les dérivés du benzène, les dérivés du phénol, les quinones, les amines, les amides, les thiazoles, etc. Leurs dangers pour la santé sont très divers. Certains, comme le captane ou le manèbe, sont considérés comme des pesticides cancérogènes probables.

Les désherbants (ou herbicides)

Il en existe de très nombreuses familles : les phénols nitrés, les benzonitriles, les carbamates, les urées substituées, les amides, les thiazines (dont le trop célèbre atrazine), les ammoniums quaternaires, les sulfonurées, etc. Les herbicides sont réputés comme étant généralement moins violemment toxiques que les insecticides (sauf des substances comme le paraquat et le diquat). Ils sont néanmoins nombreux à être classés comme pesticides cancérigènes probables ou possibles (alachlor, atrazine, simazine…). Ils sont également nombreux à être classés pesticides perturbateurs endocriniens.

Le glyphosate est le plus connu et le plus vendu dans le monde sous le nom de Round Up. Son fabricant Monsanto a été condamné en 2007 pour avoir utilisé des mentions qui pouvaient « laisser faussement croire au consommateur à l'innocuité totale et immédiate desdits produits. Depuis 2001, le glyphosate, est classé « Irritant » et « Risques d'effets néfastes à long terme sur l'environnement aquatique ». On sait aujourd'hui qu'il est dangereux pour les humains aussi : « Ce pesticide s'est révélé agir sur le cycle cellulaire même à des doses 500 à 2500 fois inférieures à celles recommandées par le fabricant pour son usage en herbicide. Or, il est aujourd'hui admis que les cancers humains sont imputables, à leur origine, à un défaut de fonctionnement du cycle cellulaire, ce processus universel qui permet la duplication des cellules et le développement de tout organisme » indique le biologiste Robert Bellé[227] qui a découvert avec son équipe les dangers du Roundup[228]. Il a mis au point un test capable de détecter les molécules cancérigènes dans les pesticides qui n'a suscité aucune réaction de la part des pouvoirs publics.

Les écolabels officiels

Créés en 1992 à l'initiative des pouvoirs publics, les écolabels ont pour but de :

- Guider les choix des consommateurs vers des produits plus respectueux ;
- Encourager les producteurs à améliorer la qualité écologique de leurs produits.

Écolabel européen

http://www.eco-label.com/french/

Le plus connu. Considéré aussi comme le plus permissif. Pour les moins exigeants, ce label est une première marche vers une meilleure identification des produits propres.

227. http://www.bastamag.net/spip.php?article205
228. Julie Marc, Odile Mulner-Lorillon, Robert Bellé : Glyphosate-based pesticides affect cell cycle regulation, *Journal de la société de biologie*, 2007 ; 201(3).

Ecocert

Il distingue les détergents écologiques n'utilisant aucun ingrédient issu de la pétrochimie. Son cahier des charges – plus généraliste – n'autorise que les tensioactifs d'origine renouvelable, les parfums et les colorants d'origine naturelle. Il interdit l'utilisation de produits extraits par solvants. Pour le savon à l'huile de lin, l'huile utilisée est celle de la première pression à froid. La deuxième pression utilise de solvants et donc n'est pas autorisée par Ecocert.

Les ingrédients d'origine végétale ne doivent pas utiliser des espèces menacées ni génétiquement modifiées. Les procédés de fabrication sont également pris en compte et doivent être respectueux de l'environnement.

Nature & Progrès

À peu près les mêmes exigences bien que pour Ecocert. L'association autorise « pour des quantités définies, un conservateur d'origine chimique » mais, en revanche, exige que toutes les matières végétales utilisées soient bio.

NF Environnement

Pour en savoir plus sur les labels officiels

Les écolabels : des labels qui se méritent – Ministère de l'Écologie, du Développement Durable

www.ecologie.gouv.fr/ecolabels/

Les produits biodégradables

On dit qu'un produit est biodégradable si, après usage, il peut être décomposé naturellement par des organismes vivants. Pour être biodégradable, les molécules doivent se décomposer dans la nature ou dans l'eau facilement et rapidement.

La biodégradabilité se fait en deux étapes :

- La dégradation primaire au cours de laquelle les molécules sont cassées.
- La dégradation secondaire au cours de laquelle ces molécules sont encore dégradées en molécules plus petites.

L'alcool de ménage, à 90 et à 70°

Ils sont tous fabriqués à partir d'éthanol, celui-là même utilisé pour le biocarburant.

À ne pas confondre avec l'alcool à brûler, à base de méthanol.

Le bicarbonate de sodium ou hydrogénocarbonate de sodium ou bicarbonate de soude. Cette dernière appellation, pourtant la plus commune, est erronée. Les Égyptiens de l'Antiquité utilisaient déjà les propriétés du natron, un minéral composé de carbonate de sodium et de bicarbonate de sodium. Ils tiraient cette substance de l'évaporation des lacs salés et l'employaient pour se frotter le corps, comme un savon.

Le bicarbonate de sodium est biodégradable et n'est pas toxique pour l'environnement ni pour la santé.

Le bicarbonate de sodium ne doit pas être confondu avec la soude caustique ni avec le carbonate de sodium

Le bicarbonate est un produit biodégradable qui n'est pas toxique pour l'environnement, ni pour la santé. Il possède des propriétés détergentes, décolorantes et désodorisantes légèrement abrasives. Il bloque aussi le développement des allergènes d'acariens. On peut l'utiliser pour neutraliser les odeurs dans le réfrigérateur, assouplir le linge, détartrer la bouilloire ou la douche et même blanchir les dents. Les applications de ce produit sont illimitées aussi bien pour le ménage, la cuisine, le jardinage et les soins du corps.

Les cristaux de soude ou carbonate de sodium[229] ou cristaux à lessive ou avec le bicarbonate

Dans l'Antiquité, il était obtenu à partir de gisements de natron. Puis, par incinération de plantes – *salsola* ou *barilia* en Espagne, salicorne

229. Le carbonate de soude ou carbonate de sodium (numéro E500 (i)) est un composé ayant pour formule Na_2CO_3. http://fr.academic.ru/dic.nsf/frwiki/287907

en Bretagne et en Méditerranée – ou d'algues – cendres de varech ou de goémon en Bretagne.

C'est un produit de nettoyage très efficace. Comparable au bicarbonate, en plus corrosif, il dégraisse et désinfecte. Efficace pour la lessive – il déloge la graisse, l'huile, la saleté et de nombreux produits pétroliers – c'est aussi un adoucisseur d'eau sans être nocif pour l'environnement[230].

Attention : il peut irriter la peau. Il est donc préférable de le manipuler avec des gants.

Le percarbonate de sodium

Le percarbonate de sodium est un agent de blanchiment oxygéné. Il se décompose dans l'eau pour donner de l'eau oxygénée et du carbonate de sodium. Le carbonate de sodium augmente le pH, ce qui améliore l'efficacité des agents détergents. L'eau oxygénée ou peroxyde d'hydrogène est un agent blanchissant efficace grâce à ses propriétés oxydantes. Le percarbonate de sodium n'est pas nocif pour l'environnement.

Le savon

Le savon naturel est considéré comme facilement biodégradable par l'OCDE.

C'est la seule substance nettoyante, qui, aussitôt après avoir agi, se lie au calcaire contenu dans l'eau, perd ses propriétés tensio-superficielles et est donc rendue inoffensif pour les micro-organismes vivants dans l'eau (dégradation primaire). Ce savon de calcium est ensuite transformé complètement par les micro-organismes en CO_2 et H_2O (dégradation secondaire).

Le chimiste Paul Kerbouc'h explique que le savon naturel – sans adjuvants chimiques, comme le vrai savon noir ou le savon de Marseille – est biodégradable parce que les chaînes dont sont issus les tensioactifs du savon sont des chaînes végétales et sont donc plus facilement assimilables que des chaînes d'origine synthétiques comme les chaînes pétrolières qui peuvent être ramifiées et donc plus difficiles à détruire pour les bactéries ou les organismes naturels.

230. http://fr.academic.ru/dic.nsf/frwiki/287907

ANNEXE 3

Savon noir et magie

Du savon noir qui chasse l'or

En Guinée, on pensait que si un mineur apportait des boules de savon noir ou des bouts de bois sur son lieu de travail, l'or disparaîtrait[231].

Nous n'avons pas testé l'effet que ces objets peuvent avoir au bureau.

Du savon noir pour chasser les mauvais esprits

Lorsqu'ils venaient acheter les esclaves, les trafiquants avaient aussi ce savon noir sur leur *shopping list*. Et c'est ainsi, selon les chroniqueurs portugais de l'époque par exemple, qu'on le trouve au Brésil depuis 1620, importé avec des esclaves d'Afrique de l'Ouest. On voit d'ailleurs ce savon dans *Amistad* de Spielberg[232]. Pendant cette période, la plus grande partie des produits qui venaient d'Afrique de l'Ouest était baptisée *da costa* pour indiquer leur origine, comme le *sabao da costa* pour le savon noir.

Avec eux, ces esclaves ont aussi amené le candomblé – rituel proche du vaudou. Mais alors qu'au Nigeria, ce savon est considéré comme un savon médicinal ordinaire, au Brésil il a une utilisation religieuse. Il fait partie de l'arsenal des outils de divination du Candomblé, de la Santeria et du vaudou avec quatre escargots, quatre pigeons, de la noix de kola et quelques autres ingrédients divers. Et aussi de ceux de la cérémonie du *rompemiento* – nettoyage spirituel pour libérer l'individu de toutes les vibrations négatives. Pour ce grand ménage, le *sabao da costa* est associé à la fumée de cigare, au rhum et à une préparation aux herbes pour le bain – l'*omiero*.

Après les prières on arrache les vêtements du candidat à la libération des vibrations négatives qui lui gâchent la vie (rite de nettoyage spirituel pour libérer l'individu de toutes les vibrations négatives) pour qu'il prenne un bain dans l'*omiero* et se lave au savon noir pour éloigner les mauvais esprits. Nous n'avons pas utilisé le savon noir pour cette application précise, mais nous arrachons régulièrement les vêtements de Raymond.

231. Eugenia W. Herbert, A. Bernard Knapp, and Vincent C. Pigott , *Library Binding* – 5 Nov 1998.
232. DreamWorks Pictures, 1997.

Index

Dépôt légal : octobre 2010
IMPRIMÉ EN FRANCE

Achevé d'imprimer le 7 octobre 2010 sur les presses de l'imprimerie « La Source d'Or »
63039 Clermont-Ferrand - Imprimeur n° 14959

Dans le cadre de sa politique de développement durable, La Source d'Or a été référencée IMPRIM'VERT® par son organisme consulaire de tutelle.
Cet ouvrage est imprimé - pour l'intérieur - sur papier offset « Amber Graphic » 90 g provenant de la gestion durable des forêts, des papeteries Arctic Paper, dont les usines ont obtenu les certifications environnementales ISO 14001 et E.M.A.S.